Crónica de un fracaso
La "revolución" de octubre de 1934 en Ciudad Real

Juan Carlos Buitrago Oliver

Serendipia

Ciudad Real
Ensayo

© 2024 Serendipia Editorial
© 2024 Juan Carlos Buitrago Oliver

Edita: Serendipia Editorial
www.serendipiaeditorial.com
contacto@serendipiaeditorial.com

Juan Carlos Buitrago Oliver

Fotografías: Centro de Estudios de Castilla-La Mancha (UCLM), José
Domingo Delgado Bedmar, Archivo Municipal de Alcázar de San Juan,
hemeroteca histórica y archivos.

Diseño y maquetación: Sobrino comunicación gráfica
Producción: Las Ideas del Ático

ISBN: 978-84-19793-49-2
Depósito legal: CR 108-2024

Primera edición: marzo 2024
Impreso en España - *Printed in Spain*

En cubierta. Fotomontaje de Sobrino comunicación gráfica con los 21 presos de Ciudad Real a partir de la fotografía original conservada en la Casa
del Pueblo de Abenójar.

Agradecemos la colaboración documental del
Centro de Estudios de Castilla-La Mancha
(CECLM), Universidad de Castilla-La Mancha.
www.uclm.es/ceclm

Por su esfuerzo y su tenacidad… para las mujeres de mi familia, mi orgullo y mi equilibrio.

El libro que tiene entre sus manos, estimado lector, es fruto de un trabajo riguroso de Juan Carlos Buitrago Oliver durante más de una década. Conocí al autor en las aulas universitarias en los años ochenta. Los dos nos licenciamos en la Complutense, aunque nos habíamos conocido anteriormente en el Colegio Universitario de Ciudad Real. Incluso compartimos piso de estudiantes en Madrid. Ahí descubrimos un pasado traumático común. No habíamos podido conocer a nuestros respectivos abuelos paternos porque habían sido fusilados, tras consejos de guerra sumarísimos convertidos en parodias por las autoridades franquistas. Aunque la trayectoria profesional nos llevó por diferentes caminos, solíamos quedar para vernos anualmente. Y en uno de esos encuentros, nos animamos a investigar las raíces de esa tragedia familiar, aprovechando nuestra formación y experiencia, la progresiva apertura a la consulta pública de la documentación de los archivos militares y el complejo debate social suscitado en torno a la memoria histórica. Era nuestra manera de homenajear a nuestros padres, guardianes y transmisores de esa memoria familiar, aprovechando que aún vivían. También lo necesitábamos a modo de catarsis.

Fruto de esa apuesta, el doctor Buitrago, que leyó su tesis en julio de 2022, presenta su tercer libro en apenas un año. Todos ellos, fruto de un exhaustivo uso de fuentes, de un enfoque micro y de un mismo hilo conductor, la violencia política.

En el primero de ellos, el que recoge el relato básico de su tesis doctoral *Purgar al vecino: soberbia, codicia y venganza. La represión en una capital de provincia durante la Guerra Civil y la posguerra. Ciudad Real, 1936-1944, Toledo, Almud, 2022*, ha analizado el "pasado sucio" –parafraseando el título de un ensayo del profesor Álvarez Junco– de una comunidad local, la capital ciudadrealeña, a partir de las conductas humanas y de sus emociones, desde una interpretación holística de la violencia política, social y económica. Ofrece un completo mapa de la misma en lo que se ha venido a denominar como "larga" guerra civil, pues esta no terminó realmente con la firma del último parte, sino que continuó por otros medios hasta el fin de la vigencia del estado de guerra, nueve años después. Porque esa es su principal aportación, el seguimiento de lo que el autor denomina el "círculo de la violencia vengativa", que tiene su prólogo antes de la guerra, su desarrollo en la retaguardia republicana y su epílogo en el primer franquismo.

Si en la segunda monografía, *De la A a la Z. Los protagonistas de una larga Guerra Civil. Ciudad Real 1936-1944*, (Ciudad Real, Serendipia Editorial, 2023), el autor se ha centrado en los actores de los hechos, en el tercer libro, publicado en la misma editorial que el segundo, Serendipia, continúa la línea de sus trabajos anteriores, la llamada "microhistoria de la violencia". Aunque lo hace descendiendo a sus raíces, a los sucesos de 1934, que sitúa en la base de algunas de las conductas violentas continuadas en 1936 y retomadas en 1939, convirtiendo las víctimas en victimarios y viceversa.

A pesar de que este tema ya lo había explorado en alguna publicación colectiva anterior, en este caso aporta nuevas fuentes, para completar la trazabilidad de la violencia anterior a 1936 y la posterior a 1939, además de ampliar el marco de estudio al ámbito provincial. Buitrago relata la crónica de una huelga revolucionaria condenada al fracaso, con dos comités, con centro de operaciones en Puertollano y en Ciudad Real, desde donde extender su acción al sur y al norte de la provincia, respectivamente. Lo hace ajustándose perfectamente a un principio básico en la perspectiva "micro", mirar de cerca para narrar desde la distancia. Y constata cómo, lejos de significar el fin de la legalidad republicana, octubre de 1934 supone más bien la toma de conciencia que conduce a la bipolarización política y el inicio de una espiral de violencia que tenía sus antecedentes, pero que experimentó un giro desde entonces para alcanzar el paroxismo unos años después.

El libro se divide en dos partes. La primera atiende al relato de los hechos (los preparativos, los sucesos, el territorio dependiente de Puertollano y de Ciudad Real, las consecuencias de octubre de 1934, el ejemplo de la represión en la capital) y culmina con un breve, pero esclarecedor, epílogo. La segunda, más breve, es el anexo, que incluye los retazos biográficos de los revolucionarios y las fuentes archivísticas y bibliográficas.

Con esta trilogía, la provincia de Ciudad Real y, en especial, su capital, se sitúan entre las mejor investigadas del país en lo que respecta a la violencia política y a la represión durante los años treinta y cuarenta, pues completa la ingente producción bibliográfica de otros colegas y equipos de investigación, que el autor conoce perfectamente y han servido de base para su trabajo. Una labor que merece el mayor reconocimiento, que ha puesto a disposición del público interesado y responde plenamente a la función social del oficio de historiador.

Ángel Luis López Villaverde
Enero de 2024

... Para esto no merecía la pena de que se trajera la República ni que hombres de limpio historial político pusieran su mejor buena fe y su mayor voluntad al servicio del pueblo...[1].

La primera vez que vi la fotografía que es portada de esta obra fue cuando llegó a mis manos la tesis doctoral de Jorge Moreno Andrés[2], aunque después me enteré de que, algunos años antes, ya se había publicado en un libro que coordinó Diego Peris Sánchez sobre el socialismo ciudadrealeño[3]. Sin embargo, cuando realmente tomé conciencia de la importancia de esa instantánea, tanto por el momento en que está realizada como por los individuos que la integran, fue cuando me sorprendió presidiendo, ampliada para que sus figuras parecieran que posaban en ese momento, la magnífica exposición organizada por el grupo de Mapas de Memoria, *El cuerpo ausente. Tantas maneras de despedirse, tantas formas de pervivir*, que se llevó a cabo en el Museo Cristina García Rodero de Puertollano en 2023.

Yo acababa de defender por esas fechas mi propia tesis doctoral sobre la represión en Ciudad Real. Cuando entré en la sala principal de la muestra y vi la fotografía y a sus personajes, a pesar de que, como ya he comentado, eran reconocibles en su mayoría para mí, me sobrecogí de tal modo que, con la noción del tiempo perdida, entré en un diálogo personal con aquella imagen que ha pervivido hasta hoy.

El primero de los juicios celebrados, contra muchos de los implicados en los sucesos de Ciudad Real capital, comenzó el día 13 de febrero[4] y un tampón puesto por el fotógrafo en el reverso de la instantánea marca la fecha del 20 de febrero de 1935. Esto podría llevar a pensar que la imagen fue tomada a lo largo de esa semana, en el patio de la nueva Prisión Provincial[5], con motivo del inicio de la vista oral del proceso, y que a los reos ciudadrealeños se sumaron los acusados de los comités de Puertollano y de Alcázar y los dete-

En la página anterior. Proclamación de la II República en Ciudad Real desde el balcón del ayuntamiento, el 15 de abril de 1931

nidos por los sucesos de Abenójar; pero, tras pasar horas mirando esa fotografía, parece evidente que, cuando los ciudadrealeños procesados posaron junto a sus compañeros, no conocían aún la dura sentencia que dictó el tribunal el jueves, 14 de febrero, sobre las diez de la noche. Por eso pensamos que la instantánea fue tomada a primera hora de la mañana del día 13 o del día 14, justo antes de salir hacia el juzgado.

En la fotografía se encuentran los 21 inculpados por lo ocurrido en Ciudad Real: Rafael Aceña Torres, Clodoaldo Barrios Roca, Antonio Cano Murillo, Benigno Cardeñoso Negretti, Cástulo Carrasco Martínez, Octavio Carrasco Martínez, Bonifacio Ángel Cepeda García, Julián Chico Carretero, José Áureo Estévez Lázaro, Vicente Fernández-Calvillo Gigante, Carlos García Benito, Ceferino Lapeira la Cruz, Tomás Martínez Bravo, Buenaventura Pintor Marín, Calixto Pintor Marín, Fernando Piñuela Romero, César Romero Sánchez-Herrera, Daniel Sánchez Vizcaíno, Crescencio Sánchez-Ballesteros Ruiz de Lerma, Felipe Terol Lois y Agustín Zamorano García-Miguel. Pero, como es una imagen ideológica se unen al grupo Antonio Cañizares Peñalva, Julio Guzmán Izquierdo y Salvador Soria Martín, de los comités de Puertollano y Alcázar de San Juan, y todos los presos de Abenójar entre los que destaca la imponente figura de José Cardos Infantes, ataviado con un mandil.

Son 38 personas que, a pesar de estar en la cárcel, miran a la cámara sin miedo, con una cierta arrogancia, y que conforman un grupo donde la complicidad se impone tras haber aguantado la enorme dureza de los interrogatorios. Jorge Moreno ha analizado detalladamente el lenguaje de las manos que se apoyan en los hombros, que agarran los brazos. En ese colectivo de presos la solidaridad política se convirtió en auténtica solidaridad familiar y, por eso, cuando se observa detenidamente la imagen, se aprecia que muchos llevan prendas de abrigo tejidas con la misma lana y, probablemente, por las mismas manos, y que algunos custodian los periódicos que algunos leían habitualmente en grupo para todos.

Intelectuales, obreros, campesinos, diputados, todos en igualdad, compartiendo su suerte. Ahí están los que ya eran entonces y serán después dirigentes clave del devenir político provincial y de la capital, pero ninguno podía prever entonces lo que le depararía el destino. Ninguno pensó que aquel movimiento en el que participaron, convencidos de que haciéndolo contribuían a cambiar la realidad política y a recuperar el poder en una República que pensaban que les pertenecía por derecho, provocaría un ramillete de rencores, de afanes de venganza, que terminarían saldándose, desde la impunidad, durante la guerra y los primeros años del franquismo.

Cualquier obra de este tipo está en deuda con muchas personas que, con su apoyo, la hacen posible. En primer lugar, he contado con el de mi familia a la que he hurtado, como siempre, un tiempo que le pertenece. Después, con el de José Luis Sobrino Pérez –y el de Serendipia– constantes y siempre dispuestos a la acción. También con el de Emilio Moreno Chillarón, que abrió para nosotros las puertas de la Casa del Pueblo de Abenójar, y los de Francisco Manuel Usero Quintanilla y Pedro González Coello, que leyeron y corrigieron el texto antes de que viera la luz. Por último, con el de mi maestro, Francisco Alía Miranda, y con el de mi amigo y consejero, Ángel Luis López Villaverde. A todos ellos mi agradecimiento.

NOTAS

1 Palabras pronunciadas por José Maestro San José el día que perdió la alcaldía de Ciudad Real, *AHMCR*, Actas Municipales, Libro 1934 b. Sesión Extraordinaria, 27 de julio de 1934.

2 Moreno (2017), p. 497. La foto pertenece a la colección particular de Santiago Arcos.

3 Peris (2012), p. 83.

4 *El Pueblo Manchego*, n.º 7926, 13 de febrero de 1935. *AAPCR*, Libro de Sentencias de 1935, Sentencia 74. Sum. 262.

5 Todos los presos fueron trasladados el día 8 de octubre de 1934 desde la antigua prisión, situada en la actual calle Ruiz Morote, frente a la Iglesia de San Pedro, que se encontraba en un estado deplorable, a la que se construyó en la ronda de La Mata, *El Pueblo Manchego*, n.º 7912, 9 de octubre de 1934.

ÍNDICE

En la página anterior. Inauguración, en el Paseo de San Gregorio de Puertollano, del monumento a Pablo Iglesias, el 14 de abril de 1933. Colección particular de José Domingo Delgado Bedmar

1 LOS PREPARATIVOS DE UNA HUELGA REVOLUCIONARIA

Los sucesos de octubre de 1934 se convirtieron en un mito ideológico utilizado políticamente de forma partidista desde el mismo momento en que se produjeron. Su interpretación historiográfica tampoco se ha visto libre de esa parcialidad: para unos, el hambre en el campo, el endurecimiento de las condiciones de trabajo por parte de los patronos, la fascistización de la derecha y su entrada en el gobierno, condujeron a la convocatoria de una huelga general pacífica, mal planificada por los socialistas, que fue brutalmente reprimida por las fuerzas de orden público, el ejército y las autoridades republicanas[6]. Para otros, sin embargo, la "revolución mejor preparada de Europa" se concibió desde la idea patrimonial que los bolchevizados socialistas tenían de la República y fueron los elementos de orden de la sociedad los que impidieron su triunfo[7]. Sus consecuencias, sin embargo, parecen poner más de acuerdo a los historiadores y, exceptuando a algún polemista, todos coinciden en afirmar que "Octubre" no implicó el final de la legalidad republicana y que sirvió para que, en los meses siguientes, la izquierda tomara conciencia de que, solo ganando las elecciones, podría recuperar el control de las instituciones. A pesar de que discrepen en la intensidad y en la responsabilidad de la violencia que se desató a lo largo de 1935 y tras las elecciones de febrero 1936, tampoco duda ninguno de que el inicio de la Guerra Civil hay que situarlo en el golpe de estado de julio de ese año y no en los sucesos ocurridos en el otoño de 1934[8].

El 14 de abril de 1931, con la proclamación de la II República, la sociedad ciudadrealeña, como la de todo el país, tomó conciencia de

Fragmento de la histórica fotografía, de Antonio Sánchez Portela, de las celebraciones populares en Madrid por la proclamación de la II República, 14 de abril de 1931. Museo Reina Sofía

que se iniciaba un tiempo nuevo. Durante el gobierno de coalición del primer bienio, los republicanos, satisfechos tras haber logrado el cambio de régimen, intentaron cimentar la democracia burguesa mediante el desarrollo de diversas reformas administrativas; pero los socialistas, convencidos de que lo importante era destruir definitivamente el régimen capitalista[9], apostaron por situar el poder al servicio de las demandas sociales. Esa divergencia en los planteamientos reformistas de la conjunción republicano-socialista, la crisis económica de aquellos años y la enorme presión opositora ejercida, entre otros, por la Iglesia, los propietarios, los militares y la burguesía profesional-funcionarial, provocó el bloqueo de la vida política y la convocatoria de elecciones en el otoño de 1933.

La derecha se presentó a los comicios de noviembre de ese año con el referente que suponía la CEDA (Confederación Española de Derechas Autónomas), el partido católico liderado por José María Gil Robles y, junto con los republicanos de centro-derecha, especialmente el PRR (Partido Radical Republicano) de Lerroux, fue la gran triunfadora en la jornada electoral, aunque el parlamento quedó muy fragmentado, pues, si se agrupan tendencias, la derecha consiguió el 43% de los escaños, el centro el 36% y la izquierda, tan solo el 21%[10].

Tras la derrota, los socialistas empezaron a sentirse cercados ante la pérdida de influencia que sufrieron en la mayoría de las instituciones de control político[11]. A pesar de las disensiones internas en el partido, su Comisión Ejecutiva se fue radicalizando al imponerse el planteamiento de Largo Caballero, quien, apoyado por las juventudes del partido[12] y desde la misma posición mental que tenía José Maestro, el exalcalde de Ciudad Real, cuando dijo "para esto no merecía la pena que se trajera la República"[13], apostaba por iniciar una revolución social[14].

Los socialistas tenían una idea patrimonial de la República y, desde enero de 1934, el afán de los dirigentes del partido por "reconquistar" a cualquier precio el control del poder empezó a transmitirse a su militancia en todos los mítines y reuniones[15]. Fue desde esos planteamientos desde los que se empezó a diseñar una huelga revolucionaria. Para llevarla a cabo, en febrero de 1934 se creó un Comité Nacional[16], que fue convocando a los más destacados representantes de las organizaciones territoriales, para informarles de lo que se preparaba y encargarles la formación de comités revolucionarios provinciales y locales que la organizaran en sus circunscripciones y la ejecutaran.

Proclamación de la II República en Ciudad Real capital

Hasta hace poco, los inicios de este proceso en la provincia y en la capital se deducían, principalmente, de las conclusiones de los fiscales que intervinieron en los juicios contra los procesados por los "sucesos de octubre"[17]. Recientemente, en el proceso sumarísimo contra Carlos García Benito[18], encontramos una copia parcial de las actas del 2.º Congreso de la Federación Socialista Provincial, celebrado en Ciudad Real entre el 16 y el 19 de mayo de 1936, por la que sabemos que, durante el mismo, se dedicaron tres sesiones a tratar el tema de lo ocurrido en octubre de 1934 y que la dirección exigió a los principales implicados, para poder elaborar un informe general, que enviaran un escrito exponiendo sus responsabilidades concretas en aquel momento. Aunque, por desgracia, se ha perdido esta documentación, que podría resultar interesantísima, la copia sí que nos permite conocer algunos detalles nuevos.

El Comité Nacional encargó la planificación de la huelga en la provincia de Ciudad Real a Fernando Piñuela Romero, primer alcalde republicano de la capital, exdiputado y presidente de la Federación Socialista Provincial. Este, aunque se comprometió a elaborar un plan detallado, no concretó ningún tipo de medida ni estableció contactos; por ello, ante su inacción, desde Madrid se le apartó de la operación y, para sustituirlo, se convocó en fechas distintas a dirigentes socialistas de diversas localidades de la provincia. Tras recibir a los representantes de Puertollano, se decidió que lo más adecuado era

Fernando Piñuela Romero

dividir la responsabilidad de la organización del movimiento en dos células independientes: una que, desde esa localidad, se haría cargo del desarrollo de la huelga en las cuencas mineras de la provincia y en las poblaciones agrícolas dependientes de las comarcas de Almodóvar del Campo, Valdepeñas y Villanueva de los Infantes; y otra que, con base en Ciudad Real, se encargaría de las acciones a realizar en la capital y en Piedrabuena, Almagro, Daimiel, Manzanares y Alcázar de San Juan. Por tanto, la primera se ocuparía, generalizando, del movimiento en la zona sur de la provincia, mientras que la segunda se encargaría de fomentarlo en la zona norte.

La formación de la primera se encomendó a tres individuos de amplia trayectoria en la lucha obrera y que eran, en aquellos momentos, la cabeza visible del socialismo en Puertollano: Antonio Cañizares Peñalva, que había sido alcalde y diputado; Julio Guzmán Izquierdo, que era teniente de alcalde en el ayuntamiento; y Pedro Fernández Martínez, secretario de la Federación Local de la UGT.

La constitución de la de Ciudad Real se encargó a Benigno Cardeñoso Negretti, un socialista muy conocido en los círculos de poder del socialismo madrileño porque, además de ser secretario provincial de la Federación Nacional de Trabajadores de la Tierra, había sido corresponsal de El Socialista durante bastantes años; al secretario de la Federación Socialista de la provincia, Antonio Cano Murillo; y al presidente de las Juventudes Socialistas, Cástulo Carrasco Martínez[19].

El Comité Nacional les avisó de que se les indicaría el momento concreto en que se llevaría a cabo el "levantamiento" que se preparaba y les ordenó que, tanto en sus localidades como en los territorios que se les habían asignado, desde ese momento y de forma urgente,

Antonio Cañizares Peñalva

Julio Guzmán Izquierdo

Pedro Fernández Martínez

Benigno Cardeñoso Negretti

Antonio Cano Murillo   Cástulo Carrasco Martínez

elaboraran planes para la ejecución de sabotajes e iniciaran los contactos necesarios para hacerse con armas y explosivos y para reclutar individuos de confianza dispuestos a la acción.

Desconocemos las fechas exactas en las que el Comité Nacional se reunió, en el local de la UGT de la calle Fernández de la Hoz de Madrid, primero, con los responsables de la célula de Puertollano y, luego, con los de la de Ciudad Real, aunque, sin duda, ambos encuentros se produjeron en el primer trimestre de 1934[20]. A los de Puertollano se les asignó un nombre y una dirección para enviar cualquier tipo de correspondencia sobre el asunto: debían mandar sus informes por correo en un sobre a Elvira Miranda, c/ Pedro Unanue, 22, de Madrid y en él incluirían otro, cerrado, con el texto "para entregar" que se haría llegar al Comité. A los de Ciudad Real se les proporcionó una referencia distinta, siguiendo el mismo procedimiento, y debían enviar todo a León Barrenechea, c/ Almirante, n.º 1, de Madrid. Las instrucciones del Comité las recibiría por correo la célula de Puertollano en el domicilio de José Martín Rodríguez, un factor de la estación, domiciliado en la c/ 14 de abril, n.º 5, que debía entregarlas a José Matías López. Las destinadas a Ciudad Real las recibiría en su domicilio, en la c/ Lanza, n.º 1, Antonio Vargas Jiménez y debía entregarlas a Antonio Cano Murillo. Antes del 10 de abril, los de Puertollano contactaron

□ TERRITORIO RESPONSABILIDAD DEL COMITÉ DE CIUDAD REAL

▨ TERRITORIO RESPONSABILIDAD DEL COMITÉ DE PUERTOLLANO

con Madrid para informarles de que disponían de unas 2500 pesetas para la compra adicional de armas y que tenían unos 200 afiliados y abundante armamento y munición. En las mismas fechas, los de Ciudad Real se comunicaron con el Comité Nacional para hacer constar que tenían unas 5000 pesetas para adquirir armamento y que los afiliados de la capital estaban ya bien armados y organizándose; sin embargo, en los pueblos bajo su responsabilidad, era difícil implicar a los trabajadores por las represalias y persecuciones de que estaban siendo objeto los socialistas[21].

El comité revolucionario de Puertollano, según se desprende de las sentencias de los procesos incoados para juzgar los sucesos ocurridos en el territorio bajo su responsabilidad, planificaron primero las acciones que llevarían a cabo en la ciudad minera y, luego, sabemos que Cañizares y Guzmán fueron convocando a los líderes socialistas de las diversas localidades que de ellos dependían y que Pedro Fernández se encargó, principalmente, de movilizar a la juventud[22]. Citaron en Puertollano, por ejemplo, a José Cardos Infantes y a Santiago

23

José Cardos Infantes

Santiago Vera Herrero

Félix Torres Ruiz

Vera Herrero, presidente y vicepresidente de la Agrupación Socialista de Abenójar respectivamente y, tras ponerles en antecedentes de la revuelta que se organizaba, les pidieron que planificaran los actos a realizar en su pueblo. Lo mismo hicieron, entre otros, con Antonio Carrilero González, de Mestanza; Andrés Romero Sánchez, de Los

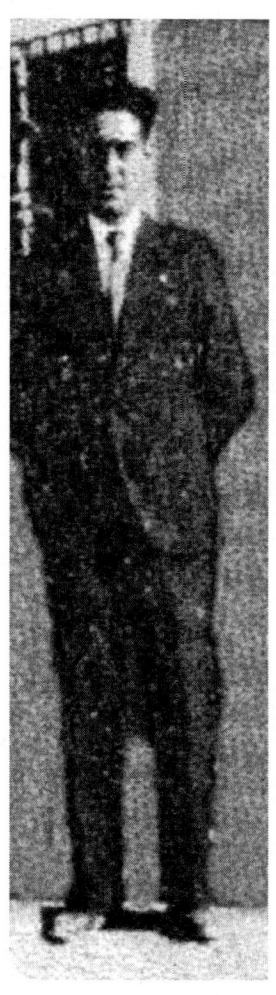

Salvador Soria Martín

Pedro Gallego Sánchez-Gil

Joaquí Ogallar Muñoz de Morales

Pozuelos; Francisco Fernández, de Hinojosas de Calatrava[23]; o con el maestro José Antonio Blanco Sánchez, natural de Puertollano y destinado en Moral de Calatrava, para que sirviera de enlace en la formación del grupo responsable de la huelga en esa población[24]. En Valdepeñas, es probable que contactaran de algún modo con Félix

Torres Ruiz, destacado dirigente socialista de la localidad, pero, probablemente, al ser detenido el 3 de septiembre por encabezar una manifestación violenta contra la gestión municipal, no tuvieron tiempo de sustituirle adecuadamente.

La célula encargada de la insurrección en Ciudad Real, y en el territorio que se le asignó, se afanó en las mismas cuestiones y se encontró con problemas muy parecidos. Benigno Cardeñoso fue encarcelado a principios de junio y permaneció en prisión casi hasta finales de agosto y a Carlos García Benito, que era el encargado de organizar los grupos de acción en la capital, le llegaron municiones que escondió en su lugar de trabajo y fue descubierto y detenido también[25]. De cualquier forma, antes de los arrestos ya se habían reunido con Salvador Soria Martín, concejal y presidente del Consejo Obrero Ferroviario, para encargarle la movilización en Alcázar de San Juan y en los pueblos vecinos; contactaron con un tal Sanroma para convocar a la huelga a los obreros y campesinos de Almagro; con Conrado López Sánchez, con residencia en Fernán Caballero, pero con importantes relaciones en Fuente el Fresno y Malagón; con Joaquín Ogallar Muñoz de Morales, presidente de la Agrupación Socialista de Daimiel y concejal; y con Pedro Gallego Sánchez-Gil, que fue el encargado, desde el primer momento, de la planificación del levantamiento en Manzanares y La Solana.

Tanto los dirigentes de Puertollano como los de Ciudad Real insistieron a sus compañeros en la urgencia de los preparativos y en que llevaran a cabo en cuanto se les avisara, y sin demoras, los planes que tuvieran diseñados, porque esa sería la única forma de coordinar la acción en toda la provincia para que tuviera éxito. El sistema elegido para transmitir la consigna de inicio de la huelga fue el mensaje telegráfico. A los de Abenójar, por ejemplo, se les indicó que se lanzaran a la calle cuando recibieran un telegrama con el texto "...dime si tienes pólizas de seguros. Hernández..."[26]. A los de Alcázar de San Juan se les dijo que debían esperar para iniciar las acciones a que se les enviara desde Ciudad Real un telegrama a nombre de María Moreno con la frase "Tu hermano, grave, Julián"[27].

Solo les quedaba esperar indicaciones.

6 Preston (2012), Aróstegui (2012a).

7 Payne (2005), Macarro (1985), Álvarez Tardío (2011).

8 Rey (2008), p. 528, Casanova (2013), p. 12.

9 Declaraciones de Fernando Piñuela a *El Pueblo Manchego*, n.º 6037, 18 de junio de 1931.

10 Para un análisis de las elecciones ver López (2017) y Gil (2006).

11 Así lo ha mostrado Rey (2008), p. 355 en el ámbito provincial. Alerta de las autoridades en pp. 405 y ss.

12 Sobre el papel de las juventudes y su radicalización a lo largo de los años 30 ver González Calleja y Souto (2007).

13 *AHMCR*, Actas Municipales, Libro 1934 b. Sesión Extraordinaria, 27 de julio de 1934.

14 Souto (2013).

15 Santiago Carrillo, miembro de las Juventudes Socialistas y director "efectivo" del semanario *Renovación*, su órgano propagandístico, participó en numerosos actos públicos en los que se defendía este punto de vista. Por uno de ellos, celebrado en Campo de Criptana, el 28 de enero, acabaría siendo denunciado por injurias al gobierno y al jefe del Estado y, tras tomarle el juez declaración, fue detenido el 9 de febrero en Alcázar y luego trasladado, tres días después, a Ciudad Real, donde ingresó en la Prisión Provincial. *AHPCR*, Sección Cárcel, Caja 405 934. Se le incoó el expediente n.º 9 de 1934 de la Audiencia Provincial. Se recogen noticias sobre su mitin en Criptana y su detención y juicio en *El Socialista*, n.º 7796, 30 de enero de 1934; *El Socialista*, n.º 7805, 9 de febrero de 1934; *El Socialista*, n.º 7812, 17 de febrero de 1934. Se le juzgó en la capital el 16 del mismo mes y se decretó su libertad inmediata. Sus correligionarios socialistas de la ciudad le homenajearon con una comida y Carrillo nunca olvidó el suceso. Ver Carrillo (2006), p. 83.

16 Este comité de enlace estaba formado por miembros del Partido Socialista, la UGT y las Juventudes y de él formaron parte entre otros, con toda seguridad, Largo Caballero, Vidarte, De Francisco, Hernández Zancajo y Santiago Carrillo.

17 Los expedientes se conservan en la Sección de Justicia del *AHPCR* y las sentencias se pueden localizar en el *AAPCR*. Otras fuentes indirectas de las que se podía extraer alguna información son los Archivos de Amaro del Rosal en la Fundación Pablo Iglesias (AFPI, Archivos Amaro Del Rosal Díaz (FPI-AARD), nº 268-04, pp.38 y 39) y las "memorias" de Largo Caballero, Largo (1985).

La bibliografía básica para el estudio de la huelga revolucionaria de octubre de 1934 en la provincia de Ciudad Real es la siguiente: Sancho y Alía (1990), Fernández-Pacheco y Moya (2007), Fernández-Pacheco y Moya (2008), Morales (2008), del Rey (2008), del Rey (2019), Buitrago (2020), Buitrago (2022) y Buitrago (2023).

18 *AGHD*, Sum. 453 Caja 2932-8

19 Cástulo Carrasco Martínez fue detenido el primero de agosto; al ser considerado el autor "... de las hojas clandestinas tiradas en multicopista en las que se ataca con gran dureza al jefe del Estado, al presidente del Consejo y, especialmente, al gobernador civil y diputado radical Sr. Morayta..." *El Socialista*, n.º 7954, 2 de agosto de 1934. El proceso en *AHPCR*, Sección Justicia. J0334A. Sum. 1162. En el registro que se realizó, se encontró diversa documentación firmada por Cástulo, en la que se incitaba a los miembros de la organización a que intentaran proveerse de pistolas. Aunque solo se le detuvo gubernativamente y no llegó a ingresar en prisión, se decidió, por sí estaba siendo vigilado, que dejara de formar parte del comité encargado de organizar la huelga revolucionaria y fue sustituido en la célula de Ciudad Real por el presidente del Partido Socialista de la capital, Carlos García Benito.

20 Benigno Cardeñoso sería detenido el once de junio, como consecuencia de la huelga de campesinos, al responsabilizarle de su organización como secretario provincial de la Federación de Trabajadores de la Tierra y no saldría de prisión hasta el veintiuno de agosto. Además, todos los dirigentes de la provincia tenían dudas de "... si la huelga de campesinos sería parte ya del movimiento insurreccional que se les había comunicado...", *El Pueblo Manchego*, n.º 7813, 12 de junio de 1934; *El Socialista*, n.º 7970, 21 de agosto de 1934. AGHD, Sum. 453 Caja 2932-8

21 Largo (2020), pp. 88 y ss. y pp. 131 y ss.

22 El 1 y el 24 de septiembre, la directiva de las Juventudes Socialistas de Puertollano remitió circulares a las juventudes de la comarca para que se desoyera la prohibición que el ministro de la gobernación, Salazar Alonso, había realizado sobre el asociacionismo de los menores de edad. Por esta cuestión serían detenidos todos los miembros de la directiva entre el 5 y el 19 de octubre de 1934 y serían condenados Pedro Fernández Martínez, secretario de la organización, y José Piedrabuena Fernández, su presidente, a cuatro meses de reclusión; y el resto (Heliodoro Meneses Buitrago, Celestino Rivilla Olmo, Luis Aguilar Rodríguez, Justino Cebrián Gutiérrez y Ángel Recuero López), a dos meses; *AAPCR*, Libro de Sentencias de 1934, Sentencia n.º 478, Sum. 219 y *El Pueblo Manchego*, n.º 7937, 8 de noviembre de 1934.

23 *AAPCR*, Libro de Sentencias de 1934 y AAPCR Libro de Sentencias de 1935.

24 *El Pueblo Manchego*, n.º 7942, 14 de noviembre de 1934.

25 *El Pueblo Manchego*, n.º 7866, 16 de agosto de 1934, *El Pueblo Manchego*, n.º 7867, 17 de agosto de 1934. *El Socialista*, n.º 7967, 17 de agosto de 1934, *El Socialista*, n.º 7969, 19 de agosto de 1934, *El Socialista*, n.º 7970, 21 de agosto de 1934, *El Socialista*, n.º 7985, 7 de septiembre de 1934, *El Socialista*, n.º 7986, 8 de septiembre de 1934. *AHPCR*, Sección Justicia, J0632 Sum. 224. Rollo 1232. Año 1934. 06-09-1934. Estuvo encarcelado hasta el siete de septiembre y, aunque consiguió ser absuelto, su participación en el desarrollo de los hechos se vio, desde ese momento, muy condicionada porque era constantemente vigilado, *AGHD*, Sum. 453, Caja 2932-8.

26 *El Pueblo Manchego*, n.º 8198, 10 de enero de 1936.

27 *AAPCR*, Libro de Sentencias de 1935, Sentencia n.º 126, Sum. n.º 43 y *El Pueblo Manchego*, n.º 7960, 26 de marzo de 1935.

2 LOS SUCESOS
DE OCTUBRE DE 1934

En los primeros días de octubre, en un ambiente de crisis parlamentaria por las dificultades para formar gobierno, la dirección del Partido Socialista decidió enviar a algunos diputados a diversas zonas de España, para alertar de manera personal a los Comités Locales de que podía producirse, de manera inminente, la insurrección que se les había encargado preparar, y para exigirles que fueran ultimando urgentemente aquello que les quedara por hacer. Con esa misión llegó a Ciudad Real capital, el día 3, a las 12,30 horas, en el tren correo procedente de Madrid, la diputada por Oviedo, Matilde de la Torre Gutiérrez, quien después se trasladó con el mismo fin a Puertollano. En ambos casos, les comunicó que esperaran el telegrama que se les había indicado en las instrucciones que habían ido recibiendo y que esa sería la señal inequívoca para iniciar la huelga[28].

La tarde del día 4 de octubre, Alcalá Zamora consiguió que se formara un nuevo gobierno, presidido por el radical Alejandro Lerroux, que incluía entre sus ministros a tres miembros de la CEDA: Rafael Aizpún, en la cartera de Justicia; José Oriol Anguera de Sojo, en la de Trabajo; y Manuel Giménez, en la de Agricultura. En ese momento, según Amaro del Rosal, ni la mitad de los comités locales tenían ultimados sus planes de huelga; pero, como señala Souto, era una oportunidad inmejorable para intentar asaltar el poder, que la dirección socialista más beligerante no iba a dejar pasar, pues la entrada de la CEDA en el gobierno le garantizaba el apoyo de una masa obrera que llevaba tiempo siendo educada en la identificación de esa organización con el fascismo[29].

Fotomontaje. La diputada Matilde de la Torre Gutiérrez sobreimpresionada en una fotografía de la estación de Ciudad Real editada por Rubisco entre 1905 y 1920 (CECLM)

Ese mismo día, la ejecutiva del Partido Socialista dio la orden de que se iniciara el movimiento y comenzó a remitir los telegramas en clave que tenían acordados. El de Ciudad Real capital se recibió sobre las 11 de la noche del día 4 a nombre de Nieves Yébenes, esposa del maquinista socialista Ramón Díaz Lorente, domiciliada en la c/ Saúco Díez (Mata), n.º 1. El texto era escueto: "... Llegó esta noche. Joaquín...". El de Puertollano se recibió también esa noche en el domicilio de la maestra Pabla Cebrián y decía "... Envíe solicitud oposiciones. Federico..."[30].

Desde el momento en que los comités locales de la capital y de Puertollano recibieron sus telegramas, comenzaron a activarse. En Madrid, desde el mismo día 4 por la noche empezaron a funcionar piquetes y el día 5 hubo ya un paro generalizado, aunque la banca funcionó con cierta normalidad[31]; pero a las células de la provincia de Ciudad Real se les había ordenado estrictamente, en las instrucciones previas, iniciar la huelga a las 00:00 horas del día 6, porque no empezar la insurrección a la vez en todos los sitios, sino de una forma progresiva, fue una estrategia diseñada por el Comité Central, para que el movimiento pareciera lo más espontáneo posible y, por eso, tampoco elaboraron ningún manifiesto de convocatoria[32].

Tenían, por tanto, todo el día 5 para movilizarse y trasladar la orden a sus territorios correspondientes, pero el comité de Puertollano, sabiendo lo que ya ocurría en Madrid, se anticipó a las órdenes recibidas y el mismo día 5 consiguió que pararan en la localidad la minería, la metalurgia y la electricidad. Ese adelanto, aunque el levantamiento era un secreto a voces, puso a la policía sobre aviso y, como veremos, dificultaría mucho las acciones en otras localidades de la provincia.

Los dirigentes de las dos células ciudadrealeñas eran conscientes de que Puertollano y sus mineros eran claves para que la revuelta que se preparaba fuera un éxito y de que necesitarían gente de las minas en las calles de la capital para que la movilización tuviera notoriedad y una repercusión en la prensa que animara a secundarla a los ferroviarios de Alcázar de San Juan y a los obreros y campesinos de las grandes agrociudades de la provincia, que habían sido muy castigados tras la huelga de junio. Por eso, Cano Murillo y Cañizares ya habían acordado, hacía semanas, que un tren cargado de mineros llegaría a la capital desde Puertollano en cuanto se iniciara el paro revolucionario. Para recordar esa necesidad, Benigno Cardeñoso, uno de los responsables del comité ciudadrealeño, natural de Cabezarados, que había sido secretario del Sindicato Minero y concejal del primer ayuntamiento republicano de Puertollano, y que seguía manteniendo estrechos contactos con el proletariado de esa ciudad, salió nada más recibirse el telegrama en Ciudad Real hacia la localidad minera.

El territorio dependiente del
COMITÉ DE PUERTOLLANO

Como antes señalamos, el 5 de octubre, contraviniendo las órdenes específicas que tenían, se declaró en Puertollano la huelga en la minería, la metalurgia y la electricidad[33]. Aunque el día transcurrió, en general, de forma pacífica, los piquetes actuaron para que los obreros no acudieran al trabajo y para que el cierre del comercio fuera prácticamente total, como de hecho ocurrió. Los huelguistas llegaron a detener por la mañana el tren correo que procedía de Madrid, desenganchando la máquina y provocando que retrasara su salida casi una hora y media. Cuando se descargaron del convoy los 400 ejemplares de *ABC* y los 15 de *El Debate* y se preparaban para ser distribuidos por la comarca, Pedro Fernández Martínez, Antonio Sánchez Fernández y Ángel Romero López se los arrebataron al vendedor habitual, Samuel Prados Mozos, y los destruyeron[34].

La tensa situación que se vivía esa mañana en la localidad hizo que el gobernador civil, Alejandro Pérez Moya, ordenara que se hiciera cargo del orden público el inspector jefe de la Comisaría de Investigación y Vigilancia, y la Guardia Civil empezó a patrullar las calles de la ciudad, por lo que fueron increpados y amenazados por algunos grupos, como el comandado por Antonio Dueñas Anguita[35].

Esa misma tarde, un grupo de huelguistas, comandado por Ángel Vallejo Recuero, Alejandro Trapero Recuero, Benito Izquierdo Carretero y Ramón García-Manzanares Ruiz, impidieron que saliera de la estación de Puertollano el tren 601, que circulaba de Badajoz a Madrid, probablemente con la connivencia del jefe de estación, que era en ese momento el miembro del comité revolucionario de Puertollano, Julio Guzmán Izquierdo, y desengancharon algunos frenos entre los

Alejandro Pérez Moya, gobernador civil

vagones[36]. Antes de que terminara la jornada, Pérez Moya clausuró la Casa del Pueblo.

Al día siguiente, la huelga se declaró ilegal, se ordenó la reapertura de todo tipo de negocios y se ofreció a los patronos el despido de los obreros que no acudieran a sus puestos de trabajo. A pesar de las amenazas, solo unos pocos mineros volvieron al tajo antes del día 9, fecha en la que, mayoritariamente, regresaron a sus puestos y dieron por finalizada la huelga que mantenían. Sin embargo, el ambiente de lucha obrera no cesó y ese día fue detenido, por encabezar una huelga que pretendía sacar a los presos de la cárcel, Ángel Vallejo Recuero[37]; por la noche, se cortaron numerosos postes de la luz, se oyeron disparos e hicieron explosión algunos artefactos en distintos puntos de la población. Al día siguiente, en ese ambiente de inseguridad y crispación, se ordenó buscar y detener al exdiputado socialista Antonio Cañizares Peñalva y al concejal Julio Guzmán; las fuerzas de orden público comenzaron a vigilar estructuras estratégicas y detuvieron a siete personas por ejercer coacciones sobre los trabajadores para que volvieran a la huelga[38], aunque no pudieron evitar, que fuera volada sobre la medianoche la entrada a la estación de la Nava, lo que impidió la circulación del tren correo n.º 1265.

Unos días después, en las afueras de la estación de Puertollano un chaval de doce años encontró, escondida entre restos de carbón,

Instalaciones de la mina Argüelles en 1930. Fotografía de Joaquín Oña.
Colección particular de José Domingo Delgado Bedmar

una caja con veintiún cartuchos de dinamita, seis detonadores y cuatro metros de mecha que, sin duda, se pretendían usar en el desarrollo de los sucesos del mes de octubre, pero que la falta de planificación o la presión policial hizo que nunca se llegaran a utilizar.

Cuando el día 5 de octubre el telegrama en clave enviado por el comité de Puertollano llegó a Mestanza, Antonio Carrilero González, alcalde de la localidad, junto a Bonifacio Cañas Cristóbal, Ángel Hidalgo Juárez, Pantaleón Ruiz Fernández, Lorenzo Serna Marcos, Francisco Sánchez López, Julián Carrilero González, Antonio García Bastante, Alfonso Baos Reina, Pedro Martín Núñez, Vicente Gil Solís, decidieron que, en la madrugada, tomarían el ayuntamiento y enarbolarían en él la bandera socialista. Llegado el momento, con alguno de ellos portando armas, el alcalde pidió a dos guardias municipales que fueran a por las llaves del edificio a casa del alguacil y tras abrir, subieron y colgaron en un balcón la bandera roja decretando el "comunismo libertario". Desde ese momento, numerosos obreros de la localidad se congregaron frente al ayuntamiento y empezaron a recorrer las calles vitoreando la revolución social. Acordaron también cortar las carreteras de acceso a la localidad, para impedir que se pudiera transmitir fuera la noticia de lo que estaba ocurriendo en el pueblo e impidieron que un automóvil que atravesaba esa noche la localidad pudiera abandonarla. Igual ocurrió a primeras horas de la mañana, cuando el piquete formado por Leoncio Ruiz Buendía, Antonio González Bautista y Melanio Aranda Navas obligó a regresar al vehículo de Blas García Pareja, que había conseguido salir de Mestanza y se dirigía a Puertollano. De cualquier forma, la noticia llegó a Puertollano, desde donde, en el transcurso de la mañana, llegaron fuerzas de orden público que terminaron, pacíficamente y sin oposición, con la revuelta[39].

El comité de Puertollano también se puso en contacto con Hinojosas de Calatrava, donde su alcalde, Francisco Fernández, ya tenía más o menos organizado un grupo de acción. Habían conseguido un poco de dinamita por diversos medios y, aunque las fuerzas del orden, que estaban sobre aviso, habían realizado el 23 de septiembre un registro en el domicilio de Juan Bautista García Poyatos en el que localizaron una carga de dinamita y un metro de mecha, todavía tenían otra poca escondida en algún lugar donde consiguieron que pasara desapercibida. A las 23:45 del día 7 de octubre, León Moreno Duque, Francisco Muñoz Lozano y Bruno Fructuoso Rodríguez González colocaron un pequeño artefacto explosivo, construido con parte de esa dinamita, en la puerta de la iglesia parroquial de San Bernardo que, aunque estalló, no provocó excesivos daños. Pero, la nocturnidad que intentaron aprovechar no sirvió para que los autores pasaran desapercibidos y fueron denunciados y detenidos. Al día siguiente, *El Pueblo Manchego* se hacía eco del rumor que corría por el pueblo, en el que se culpabilizaba al alcalde como inductor del hecho. Él negó amenazadoramente y con rotundidad dicho rumor en una carta al director. Sin embargo, fue mantenido públicamente por Esteban Calero Arias, secretario de las Juventudes de Acción Agraria Manchega en aquella localidad[40].

Que desde el comité de Puertollano se había dado orden a los comités locales de hacerse con dinamita, o que incluso, en algunas ocasiones, se les hizo llegar una pequeña cantidad, lo demuestra el hecho de que, también en Argamasilla de Calatrava, en septiembre, Pedro Molina Bermejo, José María Gijón Medina, Romualdo Gómez Segura, Dionisio Cano Letrado y Aureliano Gijón Trapero fabricaran un pequeño artefacto que explotaron en el campo para ensayar y prepararse para el momento que esperaban. Tras los sucesos de octubre,

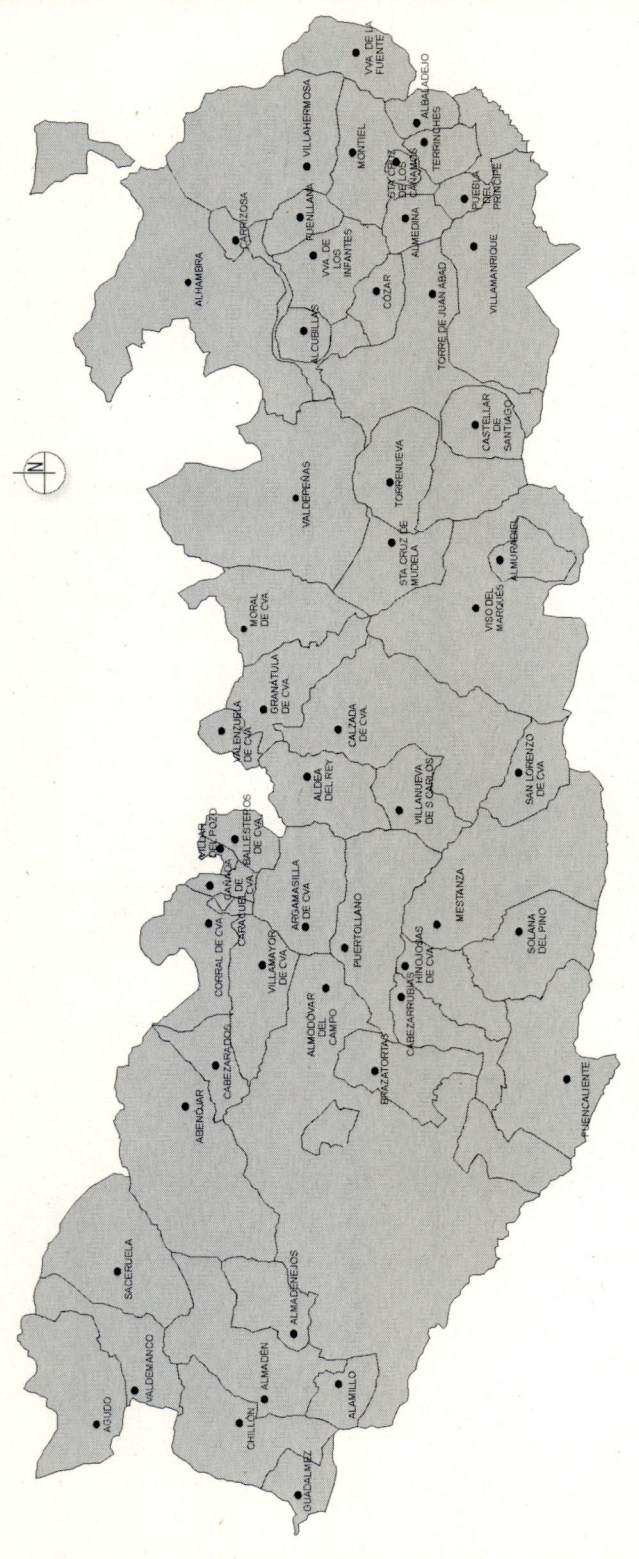

TERRITORIO RESPONSABILIDAD DEL COMITÉ DE PUERTOLLANO

se llevó a cabo un registro en casa de Anselmo Ramírez Casas, "... un destacado elemento por sus ideas extremistas...", como declararon el brigada y el guardia civil que lo realizaron, y en él se localizaron dos cartuchos de dinamita, con la mecha y los detonadores necesarios para que pudieran usarse[41]. En septiembre también se había localizado dinamita en Cañada de Calatrava durante un registro en casa de Cruz Navarro Navarrete[42].

En Los Pozuelos de Calatrava, tras recibir las indicaciones desde Puertollano, el 6 de octubre, como tenían acordado, Andrés Romero Sánchez y Alfredo León Gómez salieron armados y empezaron a recorrer las calles, conminando a los obreros a que dejaran el trabajo[43]. En Villamayor de Calatrava, el día 10 por la tarde, fueron detenidos Pascasio Sánchez Espino y Antonio Dueñas Anguita, por haber instigado a los trabajadores a sumarse a la huelga revolucionaria[44].

De cualquier forma, los incidentes más graves de la comarca de Puertollano tuvieron lugar en Abenójar. Ya comentamos cómo José Cardos Infantes y Santiago Vera Herreros se entrevistaron con Antonio Cañizares Peñalva y Julio Guzmán Izquierdo, para responsabilizarse de los preparativos de la insurrección, y cómo acordaron ponerla en marcha en cuanto les llegara un telegrama con el texto "Dime si tienes pólizas de seguro. Hernández". Cuando el día 5 lo recibió Cardos, él y los dirigentes socialistas de la localidad, Santiago Vera, Anastasio Godoy y Marcelo Cuadrado, tenían ya perfectamente fijados los objetivos y diseñada la estrategia. Convocaron en la Casa del Pueblo a sus afiliados y les pidieron su colaboración para llevar a cabo en Abenójar un levantamiento revolucionario, en línea con lo que estaba ocurriendo en el resto del país. Tras mostrarse todos de acuerdo, se citaron en la madrugada del día 6, a las afueras del pueblo y, bajo la supervisión de Cardos, se organizaron varios grupos armados. Uno se dedicó a realizar zanjas en las carreteras y caminos de entrada a la localidad; otro, formado por Diego Arriaga Santo, Isaac Fernández Cebrián, Cándido Trinidad de la Torre, Anastasio Padilla García y Eleuterio Ruiz Padilla, asaltó una armería que había en el pueblo, fue por las casas recogiendo escopetas y municiones que se distribuyeron entre otros afiliados, desarmó al guardia municipal Ángel García y a los serenos y, tras penetrar en el ayuntamiento, destrozó un retrato del presidente de la República y colocó una bandera roja; y otro, compuesto por Antonio Augusto Barba, Francisco Calvo Redondo y Fermín Mancha Mendiola, rompió las puertas de los depósitos de aceite propiedad de Manuel Laín y permitió que veintitrés mujeres penetraran en las instalaciones para apoderarse de más de 800 litros de aceite, causando además daños en las zafras.

El grupo dirigente, tras tomar la estación telefónica, ordenó que otros tres grupos se apostaran estratégicamente, rodeando el cuartel de la Guardia Civil para hacerse con su control. El primero, comandado por Faustino Calvo Redondo, e integrado por ocho afiliados armados de escopetas, se situó en el conocido como "pajar de Doroteo"; el segundo, dirigido por Eladio Romero Pérez, y formado por siete hombres armados, se colocó en la "esquina de Camacho"; y el otro, formado por Florentino Paniagua, Julián Chillarón y Tomás Agudo, se atrincheró en la parte trasera del cuartel en la zona de la Iglesia y el cementerio.

Por los tejados, para sortear las partidas que tenían tomadas las calles, Celestino Lillo Rey, un aspirante al cuerpo de la Guardia Civil, consiguió llegar hasta el cuartel de la Benemérita y alertó al sargento Luis Beltrán Caballero, comandante del puesto, de la situación que se vivía en el pueblo. Beltrán, sorprendido por lo que le contaba Celestino, intentó comunicarse con las fuerzas de la capital mediante el teléfono, pero al otro lado de la línea se encontró con Cardos, que le conminaba a rendirse para que nadie sufriera daños y le avisaba de que el cuartel estaba rodeado. El sargento, desesperado, le pidió al aspirante que intentara salir por los tejados y fuera hasta las minas de San Quintín, para pedir ayuda desde allí, y decidió hacer una inspección ocular para tomarle el pulso a la situación. Salió sigilosamente del edificio acompañado del guardia segundo Rufino García García, pero fueron descubiertos por los "insurrectos" y se intercambiaron disparos. Volvieron con mucha dificultad a la casa cuartel, desde donde, atrincherados, el sargento, Rufino, a pesar de estar herido en ambos muslos, y los otros tres guardias civiles del puesto, Carmelo Mansilla Gómez, Bernardino Calzado Baos y Eugenio Calatrava Ruiz, sus esposas y once niños, intentaron resistir y responder al tiroteo. Eran, aproximadamente, las seis de la mañana y, aunque los huelguistas intentaron asaltar el inmueble no pudieron conseguirlo y tuvieron que abandonar sus pretensiones ante la noticia de que se aproximaban fuerzas de orden público desde Puertollano y otros pueblos del entorno[45].

También era responsabilidad del comité revolucionario de Puertollano la organización del levantamiento en Almadén y su comarca. En el otoño de 1930 había llegado a la ciudad del mercurio el médico anarquista Pedro Vallina Martínez y, desde el primer momento, debido a su prestigio, gozó de una importante presencia política y social en la localidad. Él fue el que encabezó la manifestación que proclamó, el 14 de abril de 1931, la República en el pueblo; pero, bastante radical en sus ideas, intentó aprovechar la vehemencia de los mineros para iniciar una auténtica revolución social, lo que hizo que fuera detenido a mediados de mayo de ese mismo año. Las élites socialistas siempre lo consideraron un anarquista radical y, por eso, cuando llegó la hora de planificar la "sublevación" de 1934 en Almadén, no contaron con él. Antonio Cañizares y Julio Guzmán recurrieron, probablemente, a los mineros socialistas Zacarías López Ibarra, Clemente García-Viso Valentín y Manuel Meca López que, poco antes del 6 de octubre, fueron descubiertos y detenidos preventivamente, como ya había ocurrido en agosto con Gregorio Delgado Gutiérrez. Esto desarticuló totalmente el movimiento en la localidad, de manera que cuando el doctor Vallina, que estaba fuera, llegó al pueblo la noche del día 6, pensó que, "... aunque la gente conservaba los mejores ánimos, no era el momento de lanzarse a una lucha cuando las noticias recibidas de todas partes eran desconsoladoras...". Las autoridades, para prevenir cualquier acción, decidieron detener al médico el día 8 y lograron, desplegando a las fuerzas de orden público y a las fuerzas de seguridad privada de la mina, que en Almadén no se produjera ningún incidente[46].

Entre mayo y junio, Honorio Vera Cuadrado, líder socialista de Agudo, se entrevistó en Puertollano con Julio Guzmán Izquierdo, que le encargó organizar la huelga revolucionaria en su pueblo y que esperara indicaciones. Honorio le comentó el asunto a su compañero Claudio Bolaños y, juntos, planificaron que, cuando llegara el momento, cortarían las comunicaciones y las carreteras para aislar la localidad. El 5 de octubre, Julián Redondo Castillo recibió el telegrama convenido y el día 6, como tenían previsto, abrieron zanjas en los accesos al pueblo y derribaron tres postes de telegráficos. Cuando por la noche consiguió acceder a Agudo la Guardia Civil para intentar restituir la situación, se produjeron algunos enfrentamientos e, inicialmente, se detuvo a trece vecinos. En Chillón, como ocurrió en Almadén, las autoridades actuaron de manera preventiva y, aunque no sucedió ningún hecho destacado en la localidad, decidieron arrestar, el día 8, al principal dirigente socialista de la ciudad, José Puebla Perianes[47].

Pedro Vallina Martínez

José Puebla Perianes

Puertollano también se encargó de organizar la revuelta en la zona sureste de la provincia, en localidades como las de Moral de Calatrava, Valdepeñas y su comarca.

El comité de la ciudad minera contactó con José Antonio Blanco Sánchez, un maestro puertollanense que era concejal socialista en Moral, y él fue quien transmitió la noticia de la huelga revolucionaria que se preparaba a los dirigentes de su partido en aquella localidad y quien, más tarde, les hizo llegar algunas armas, incluyendo una ametralladora, que le habían proporcionado Cañizares y Guzmán. Conocemos con precisión cómo se distribuyeron las responsabilidades entre los miembros de la Casa del Pueblo de Moral de Calatrava, una vez que decidieron apoyar el levantamiento. Designaron un grupo rector, que quedó compuesto por el propio José Antonio Blanco, por Antonio Triginal Sauco –también concejal del Ayuntamiento– y por Onofre González Sánchez –vicepresidente de la agrupación socialista local–; su misión era que cada uno formara de manera independiente una partida de unos veinte afiliados, que estuvieran preparados para cuando llegara el momento de entrar en acción.designaron a Alfonso Rodríguez Camacho –guardia municipal– para actuar como enlace entre los tres grupos, de manera que nadie conociera con precisión a todos los implicados y que fuera

Antonio Pascual Ferrari Cortija José   José Manuel Labrador Domínguez

imposible la delación, en el caso de que la trama fuera descubierta antes de que se llevara a cabo ningún tipo de acción. Asignaron a Vicente Boiza Valencia –ferroviario– la responsabilidad del contacto directo con Puertollano y decidieron que las armas que tenían y algunas municiones facilitadas por Antonio Pascual Ferrari Cortija, las guardara, hasta que fueran necesarias, José Manuel Labrador Domínguez[48] –un acaudalado propietario e industrial del pueblo, afín a sus ideas–, porque estaban seguros de que, en caso de peligro, no se llevaría a cabo ningún registro en su domicilio o en sus negocios.

Cuando, el día 5 de octubre, les llegó la información de que la huelga debía realizarse de manera inminente, se reunieron todos los afiliados en su sede. Era de noche y, conforme llegaban a la Casa del Pueblo, los afiliados vieron, dada la cercanía del local a la salida hacia Almagro, cómo las fuerzas de la Guardia Civil controlaban la carretera; además, para acrecentar la inquietud de todos, justo antes de que diera comienzo la reunión, el sargento se acercó a la sede para preguntar al presidente a qué se debía la afluencia de

Bodega y publicidad de José Manuel Labrador Domínguez

gente allí a esas horas. En ese ambiente y "... para no hacer el ridículo como en la huelga de campesinos...", los afiliados decidieron no secundar el movimiento, dispersarse discretamente y hacer desaparecer las armas depositadas en casa y en el negocio de Labrador, arrojándolas en los retretes de la estación de ferrocarril[49].

Para intentar desarrollar la revuelta en Valdepeñas es más que probable, aunque no lo hemos podido constatar documentalmente, que Antonio Cañizares y Julio Guzmán contactaran, en algún momento, con Marcelo Félix Torres Ruiz, la cabeza visible del socialismo valdepeñero y presidente de la Casa del Pueblo. No sabemos qué acciones se pudieron llegar a planificar en la ciudad del vino; pero, si algo llegó a pensarse, quedó totalmente desbaratado por la detención de los principales líderes socialistas, tras la manifestación violenta que se produjo en la localidad el 3 de septiembre. En el pueblo, el paro era un problema latente y el ayuntamiento, que estaba realizando obras en el alcantarillado, contrataba a los obreros sin seguir un turno riguroso, saltándose las listas que elaboraba la oficina de colocación que dirigía Félix Torres. Después de que en la mañana del 3 de septiembre se produjeran algunos incidentes en el tajo, el líder socialista convocó a todos los trabajadores a una manifestación frente al ayuntamiento para las siete de esa misma tarde; pero, con los ánimos tan caldeados, la situación se descontroló y, entre una nube de piedras y algún disparo, la Guardia Civil tuvo que intervenir contra la multitud y resultaron heridos de diversa consideración dos miembros de las fuerzas de orden público y cuatro manifestantes. Muchos obreros fueron inmediatamente detenidos y lo mismo ocurrió con alguno de los dirigentes socialistas de la ciudad (Félix Torres Ruiz, Manuel Merlo Patón, Pedro Cañaveras Durán, Arcadio Sánchez García-Pedro o el exalcalde Cesáreo Antonio Ruiz García), que estuvieron en prisión hasta que fueron juzgados por sedición en la Audiencia Provincial de Ciudad Real el día 15 de octubre[50].

Por tanto, cuando desde Madrid se decidió iniciar la acción en toda España, muchos líderes valdepeñeros estaban en la cárcel y en la ciudad no se pudo desarrollar nada de lo que, probablemente, tuvieran programado; así que, prácticamente, no se produjeron incidentes. La huelga revolucionaria se limitó a una acción protagonizada por el secretario de la Casa del Pueblo, el maquinista Marcelino Astiz Crespo, que, como no se había visto implicado en los sucesos de septiembre y estaba en libertad, se presentó el día 6 de octubre, a primera hora de la mañana, en la zona de carga y descarga de la compañía de ferrocarril Madrid-Zaragoza-Alicante (MZA) y convenció a los obreros Miguel Ródenas Arias, Domingo Fernández y José Ruiz Romero para que, al poco de salir el tren de vía estrecha que él conduciría con dirección a Puertollano, simularan amenazarle y detuvieran el convoy. Consiguieron así que se retrasara la salida, pero, tras acudir la Guardia Civil, el tren retrocedió hasta la estación y otro maquinista lo condujo hasta su destino. El 21 de noviembre, un soplo condujo a realizar varios registros y se detuvo a Joaquín Lozano por haber participado en una reunión para sumar a los panaderos a la huelga de octubre[51].

En la comarca de Valdepeñas, los incidentes se limitaron a la detención de un individuo en Castellar de Santiago, acusado de poseer y realizar propaganda ilegal; al arresto de un retrasado mental, Feliciano Pradillo González –apodado el Niño de la Salud– por la realización de letreros subversivos en Villanueva de los Infantes; y, tras un soplo que provocó la realización de varios registros preventivos, al hallazgo, en Torrenueva, de un artefacto explosivo que se ocultaba en el fondo de un pozo[52].

El territorio dependiente del
COMITÉ DE CIUDAD REAL

Como la preparación del movimiento socialista era un secreto a voces, el comité revolucionario de Ciudad Real encontró muchísimas dificultades para pertrecharse adecuadamente e incluso, como comentamos, sufrió la detención de varios de sus miembros. A pesar de todo, Antonio Cano Murillo, que fue el que más desapercibido logró pasar para las fuerzas de orden público, consiguió, usando como enlace al entonces concejal ciudadrealeño Calixto Pintor Marín, que un obrero de Almadén le proporcionara varios paquetes de dinamita y, también, que la Federación de Banca de UGT le hiciera llegar una caja con pistolas[53].

Pronto, los responsables ciudadrealeños comenzaron a diseñar un plan para la capital. La idea era que un comando de hombres de acción, capitaneados por Clodoaldo Barrios Roca, hiciese explotar la dinamita en la línea férrea Madrid-Ciudad Real a la altura del puente que cruza el Guadiana y, después, en un clima de confusión y revuelta, movilizar a los ferroviarios, a la banca y a otros sectores, e impedir la apertura de negocios y centros oficiales mediante piquetes de militantes socialistas que patrullarían armados por las calles, apoyados por mineros que llegarían de Puertollano. Para poder llevar a cabo sus propósitos, Pintor y Cano convencieron a Felipe Terol Lois, jefe de mecánicos del Ayuntamiento y uno de los dirigentes de la Sección de Transportes de UGT, para que fabricara cuatro artefactos explosivos. Este, cuando los terminó, los escondió, sin cargar, dentro de unos bidones en los talleres municipales.

Pero cuando intentaron llevar todo a la práctica, no les resultó nada sencillo. Primero, ante la presión policial, se vieron obligados a mover la dinamita. A Calixto Pintor le llegó el chivatazo de que su domicilio de la Ciudad Jardín iba a ser registrado; la ansiedad por sacar los explosivos de la vivienda del concejal obligó al Comité a recurrir urgentemente a Cástulo Carrasco Martínez, el dirigente de las Juventudes Socialistas de la capital, para que, aunque se sabía que estaba siendo vigilado, se hiciera cargo de los paquetes. Cástulo decidió que un lugar seguro para ocultarlos era la fábrica de luz, propiedad de la familia Ayala. En compañía de su íntimo amigo Clodoaldo Barrios Roca, se los llevaron a Agustín Zamorano García-Miguel, que traba-

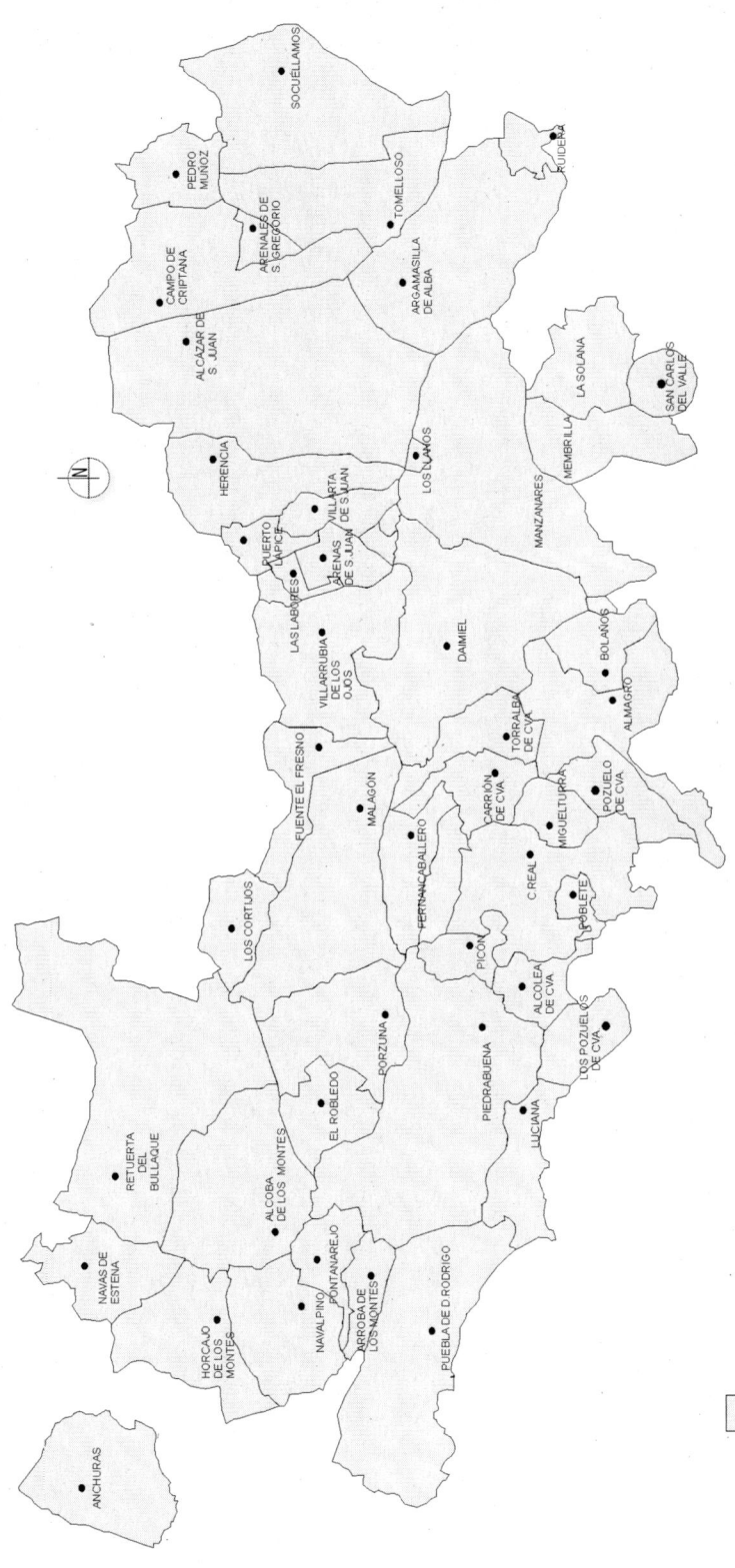

TERRITORIO RESPONSABILIDAD DEL COMITÉ DE CIUDAD REAL

SOCUÉLLAMOS

PEDRO MUÑOZ

ARENALES DE S.GREGORIO

TOMELLOSO

ARGAMASILLA DE ALBA

CAMPO DE CRIPTANA

ALCAZAR DE S. JUAN

RUIDERA

LA SOLANA

SAN CARLOS DEL VALLE

MEMBRILLA

HERENCIA

LOS LLANOS

MANZANARES

PUERTO LAPICE

VILLARTA DE S.JUAN

ARENAS DE S.JUAN

LAS LABORES

VILLARRUBIA DE LOS OJOS

DAIMIEL

BOLAÑOS

ALMAGRO

FUENTE EL FRESNO

TORRALBA DE CVA

POZUELO DE CVA

MALAGON

CARRION DE CVA

MIGUELTURRA

FERNANCABALLERO

C. REAL

POBLETE

LOS CORTIJOS

PICON

ALCOLEA DE CVA

PORZUNA

PIEDRABUENA

LOS POZUELOS DE CVA

EL ROBLEDO

LUCIANA

RETUERTA DEL BULLAQUE

ALCOBA DE LOS MONTES

NAVAS DE ESTENA

FONTANAREJO

NAVALPINO

ARROBA DE LOS MONTES

PUEBLA D. RODRIGO

HORCAJO DE LOS MONTES

ANCHURAS

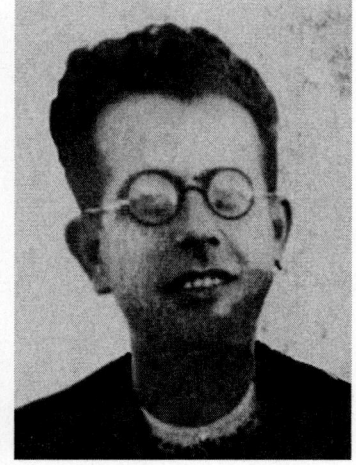

Izzquierda: Calixto Pintor Marín
Derecha: Clodoaldo Barrios Roca

Felipe Terol Lois

ba allí: Este aceptó el fardo, probablemente sin saber lo que contenía, y lo escondió tras unas calderas.

Cuando el día 4 de octubre, a última hora de la noche, recibieron el telegrama que confirmaba el inicio de la acción para las 00:00 horas del día 6 se pusieron inmediatamente en movimiento. Esa misma madrugada, Benigno Cardeñoso, que había sido secretario del Sindicato Minero y concejal del Ayuntamiento de Puertollano y que seguía manteniendo el prestigio entre los mineros y un estrecho contacto con los líderes del comité revolucionario de esa localidad, se dirigió a Puertollano para intentar que, como estaba previsto, un

Trabajadores del taller mecánico de la mina Asdrúbal en 1922.
Colección particular de José Domingo Delgado Bedmar

tren repleto de obreros llegara desde allí a la capital para asegurar la lucha en las calles.

El día 5 a primera hora, Clodoaldo Barrios, como líder del comando que debía colocar las bombas, ordenó a Ceferino Lapeira la Cruz que por la tarde fuera a ver a Agustín Zamorano a la fábrica de luz, para que este le diera el fardo con la dinamita que tenía escondido y que, acompañado por Vicente Fernández-Calvillo Gigante, lo llevara a un solar propiedad del padre de este. También ordenó a Octavio Carrasco Martínez que fuera a ver a Felipe Terol, para que le entregara dos de los artilugios que había fabricado, y que se los hiciera llegar a Vicente, a fin de que este los llevara a la parcela y montar allí con seguridad las bombas. Clodoaldo acudiría a la cita con tres pistolas que le proporcionó Cano Murillo, y con suficiente munición.

Al anochecer, como habían acordado, se dieron cita en el solar los miembros del grupo que debían manipular y colocar las bombas

Fábrica de electricidad de la familia Ayala

liderado por Clodoaldo Barrios: Octavio Carrasco, Daniel Sánchez Vizcaíno y Vicente Fernández-Calvillo. Cargaron cada uno de los artefactos de Terol con 3,5 kg de dinamita, les pusieron las mechas y fulminantes, y repartieron las tres pistolas: una se la quedó Clodoaldo, otra, Octavio y la última, Vicente. Es muy probable que, con o sin licencia, Daniel llevara una propia. Solo quedaba dirigirse al puente de hierro del Guadiana, a pocos kilómetros de la capital, colocar las bombas y prepararlas, para que estallaran justo antes de que pasara por allí el tren correo que procedía de Madrid.

Parecía sencillo cumplir el plan; pero, cuando salieron del solar, se encontraron con una presencia policial que no esperaban. En Puerto-

Puente de Hierro sobre el río Guadiana

llano, como comentamos, no se habían obedecido las instrucciones del Comité Central y habían iniciado la huelga el día cinco, sin esperar a las doce de la noche, como se había acordado. El gobernador, informado del asunto y para evitar incidentes, puso en alerta a las fuerzas de orden público, que empezaron a patrullar las calles de la ciudad y las carreteras de acceso a la capital[54]. Esta situación dificultó enormemente sus movimientos y, cuando llegaron al puente, por caminos poco transitados, lo hicieron tarde –después de la una de la madrugada– y el tren correo ya había pasado. Decidieron colocar las bombas de todas maneras. Clodoaldo eligió los sitios y se encargó de encender la mecha de una, mientras que Octavio prendía la otra. Se alejaron unos cientos de metros y se produjo la detonación, pero solo una de las bombas hizo explosión, porque la que colocó Carrasco falló. El primero en llegar al lugar de los hechos fue el guarda nocturno de la MZA, Teodoro Domínguez Palomares, que, al producirse el intento de voladura corrió hacia el puente. Aunque los daños eran leves y se limitaban a los raíles y traviesas, impedían peligrosamente el tráfico. Teodoro, mediante señales, consiguió avisar a tiempo y detener a un tren de mercancías que estaba a punto de llegar al lugar.

La célula regresó a Ciudad Real y Clodoaldo decidió que las cuatro pistolas se las quedaran Vicente Hernández y Octavio Carrasco, para entregarlas a otros implicados en el movimiento que debían actuar en los disturbios callejeros de ese día. Carrasco citó por la mañana a Ceferino Lapeira y a Rafael Aceña Torres, le dio una pistola a

cada uno y les puso en contacto con Julián Chico Carretero, que tenía un arma adquirida por su cuenta y abundante munición escondida en el Paseo Cisneros, para que este les adiestrara en su uso. Vicente, por su parte, le llevó una a su casa a Crescencio Sánchez-Ballesteros Ruiz de Lerma, y la otra, cuando ya estaba siendo acosado por la policía, se la dio en plena calle a Bonifacio Ángel Cepeda García, que iba acompañado por Josefa Galán García[55].

Muy pronto se comprobó lo poco trabajada que estaba la huelga en los distintos sectores. Los ferroviarios no secundaron el paro y tan solo el fogonero Ignacio Campos Cepeda fue detenido por abandonar su puesto de trabajo[56]. En la banca se produjo un paro parcial, pero, ante la falta de garantías de triunfo, se acabaron reincorporando al trabajo. En el ayuntamiento se realizaron inspecciones entre los funcionarios[57]. Los piquetes intentaron que no se abriera el comercio, pero las cargas de la policía municipal los disolvió y el gobernador llegó a autorizar a los patronos para que despidieran a los trabajadores que no se incorporaran al trabajo. Las fuerzas que se esperaban desde Puertollano nunca llegaron. Aunque el fracaso era más que evidente, el comité revolucionario intentó, a la desesperada, mantener el conflicto y movilizar a diversos sectores. Dos días después –el día 8– fueron detenidos e ingresaron en prisión, por coaccionar a otros trabajadores para ir a la huelga, Máximo Selas León y el propio Calixto Pintor que, aprovechando su influencia sobre los chóferes, intentaban convencerlos para que no trabajaran[58]. El ambiente seguía caldeado y en la estación, el día 10 de octubre, fue detenido el joven aparejador Antonio Palomares Castillo por insultar al maquinista del "Rápido de Badajoz" que se negó a paralizar el tren como le pedían. También algunos individuos realizaron por su cuenta diversas pintadas en la ciudad, incluso en el cuartel de la Guardia Civil, en las que se daban vivas al comunismo y a la revolución social[59].

Desde el Comité Revolucionario de Ciudad Real también se debía coordinar un amplio territorio de la provincia. Aunque no tenemos detalles de todos los contactos que se llevaron a cabo entre la capital y los pueblos que de ella dependían, sí que conocemos algunos. El día 4, por ejemplo, a primera hora de la mañana, con la idea de transmitir la inminencia del movimiento que Matilde de la Torre había anunciado al Comité el día anterior, el dirigente socialista de la capital, César Romero Sánchez-Herrera, sabiendo que por su profesión de representante de farmacia no levantaría sospechas, fue hasta Daimiel, para entrevistarse con Joaquín Ogallar Muñoz de Morales, factor del ferrocarril, presidente de la Agrupación Socialista de Daimiel y concejal del Ayuntamiento y, cuando concluyó ese encuentro, continuó su viaje hasta Alcázar de San Juan, para encontrarse con Salvador Soria Martín, concejal y presidente del Consejo Obrero Ferroviario, encargado de la movilización en aquella localidad y en Campo de Criptana, Pedro Muñoz y Socuéllamos. Sabemos que a este último le indicó que debían iniciar la huelga en cuanto recibieran un telegrama a nombre de María Moreno, que era la que servía de enlace, con la frase "Tu hermano, grave, Julián"[60].

La mañana del día 5, César Romero y Carlos García Benito, según declararon los empleados de correos, pusieron telegramas en la oficina de la capital, dirigidos, probablemente, a Manzanares y otras localidades. A primeras horas de la tarde, José Estévez Lázaro, que era el encargado de enviar telegramas a otras poblaciones, llegó a las dependencias de correos acompañado por Buenaventura Pintor Marín; pero, en el último momento, decidió no cumplir su compromiso y tuvo que remitirlos Pintor[61]. De cualquier forma, a lo largo de ese día, los responsables del levantamiento en todos los pueblos dependientes del Comité Revolucionario de la capital supieron que, a partir de las 00:00 horas del día 6, debían comenzar la huelga y las acciones que tenían proyectadas.

César Romero Sánchez-H.   Joaquín Ogallar Muñoz de M.

Salvador Soria Martín

En los pueblos eminentemente agrícolas próximos a la capital hubo muy poca movilización. En Piedrabuena, veinticinco trabajadores decidieron no acudir al trabajo y secundar la huelga; en Alcolea de Calatrava, un socialista, probablemente, Teodomiro Rufino Peñasco Aranda, sostuvo conversaciones con un dirigente del partido y, en la mañana del día 6, se cortaron en la localidad trescientos metros de línea telefónica que se repararon esa misma tarde, mientras que las pesquisas de las fuerzas del orden condujeron a la detención del sospechoso del sabotaje[62].

A Daimiel, como comentamos, llevó la noticia de la inminencia de la revuelta el dirigente ciudadrealeño César Romero. No conocemos con precisión los planes que diseñaron los socialistas daimieleños, pero lo cierto es que, el día 6, Manuel Santos Florito realizó algunos disparos en un intento por retener el tren correo n.º 313 y que, ese mismo día, si no llega a ser por la intercesión de Andrés Ildefonso Carranza Oliva, concejal socialista y empleado de la fábrica, grupos de obreros hubieran incendiado la "Oleivinícola del Centro de España S. A.", llamada popularmente "La Francia" por ser uno de sus propietarios el francés Max Cassin. Nueve directivos socialistas fueron inmediatamente detenidos por el capitán de la Guardia Civil, entre ellos los concejales Carranza, Joaquín Ogallar Muñoz de Morales, Ramón González Gómez del Moral, Agustín Gómez del Moral Gonzá-

El Castellet de Daimiel, palacete, construido en 1891, anexo a la Oleovinícola Centro de España S. A. (abajo), popularmente conocida como "La Olivi" ("La Francia"), en el que vivían los propietarios. Se intentó tomar esta fábrica durante los sucesos de octubre de 1934

lez de la Higuera –Picota–, Lorenzo Gómez-Limón García-Consuegra y Manuel Infante Ruiz de la Hermosa –Cabrerillo–. Algunas semanas después, Ricardo Escribano Aguado, capitán de infantería y juez militar encargado de instruir el proceso por los sucesos en la provincia, decretó el encarcelamiento de Claudio Campos Aparicio, auténtica *alma mater* del socialismo en Daimiel[63].

Izquierda: Andrés I. Carranza Oliva
Derecha: Lorenzo Gómez-L. García-C.

Claudio Campos Aparicio

Manzanares contó con la deferencia de que uno de sus dirigentes, Pedro Gallego Sánchez-Gil –el Humilde–, fuera convocado por el Comité Nacional, junto a los componentes del Comité Revolucionario de Ciudad Real, a la reunión que se celebró en el local de la UGT, en la calle Fernández de la Hoz de Madrid. Allí se le informaría, de primera mano, de la huelga insurreccional de dimensión nacional que se estaba preparando y de que él era el designado para planificarla en su área de influencia. En cuanto Pedro volvió a su pueblo, informó a sus compañeros socialistas y a los de La Solana, y empezaron a diseñar las acciones que pensaron que podían contribuir al éxito del levantamiento.

No sabemos si llegaron a proyectar alguna acción violenta en Manzanares, pero es evidente que los responsables intentaron crear un ambiente propicio para la huelga. El 25 de septiembre, el socialista Antonio Menchén Bartolomé, factor de la compañía Madrid Zaragoza Alicante (MZA), y líder del sindicato ferroviario en la ciudad, encargó a un impresor manzanareño la edición de mil hojas con un artículo que había publicado *El Socialista* unos días antes y fue sorprendido mientras las repartía[64]. La tarde del 5 de octubre, sabiendo ya que la huelga empezaría a las 00:00 horas del día 6, Juan José Camacho García –Melenas–, según las autoridades un "conocido agitador de proletarios", secretario de la Casa del Pueblo, empezó a recorrer las bodegas repartiendo pasquines y animando a que los trabajadores la secundaran y fue detenido por la Guardia Civil.

Antonio Menchén Bartolomé

Sin duda, la estrecha vigilancia de las fuerzas de orden público dificultó los planes socialistas y, según la prensa, el día 6 los incidentes se limitaron al abandono del trabajo por parte de algunos obreros y empleados municipales que, al día siguiente, se reincorporaron a sus puestos con toda normalidad. Los ferroviarios no llegaron a movilizarse porque, aunque hasta entonces las autoridades no lo habían considerado necesario, ordenaron detener a Menchén a pri-

Artículo que mandó imprimir Antonio Menchén en *El Socialista*

meras horas de la mañana, aprovechando que estaba inmerso en un proceso por la propaganda ilegal que había realizado.

Ante el fracaso evidente de la huelga, el presidente de la Casa del Pueblo, Cayetano López de Pablo García Núñez, y los dirigentes Juan José Pedrazo Camarena, Pedro Gallego Sánchez Gil y Francisco Calzada Pacheco decidieron reunirse por la tarde, para valorar la situación en el domicilio de Calzada, que estaba a las afueras, en la calle Vuelta del Calvario, y que, por estar en un sitio discreto, había servido de centro logístico a los huelguistas.

Lo que no sabían es que, gracias a un soplo, la Guardia Civil tenía vigilada la casa desde primera hora de la mañana. Cuando el sargento vio que estaban reunidos varios "peces gordos" del socialismo manzanareño, decidió intervenir y, tras interrogar al dueño, localizó a los otros escondidos en una habitación y los detuvo a todos. La huelga quedó así controlada y solo la mantuvieron unas horas más los empleados de la bodega de Raimundo Mira, establecimiento en el que trabajaba el presidente de los bodegueros de la UGT, Antonio Sánchez de Pablo Córdoba. Finalmente, ante las amenazas de despido, volvieron al trabajo[65].

Cayetano López P. García-N.   Pedro Gallego Sánchez-Gil

Antonio Sánchez P. Córdoba

No sabemos con quién se puso en contacto el líder manzanareño Pedro Gallego en La Solana, aunque no es descabellado pensar que fuera con Melitón Serrano Ortiz –Rasputín– [66]. También desconocemos si los socialistas solaneros llegaron a preparar algo para el día 6, aunque esa jornada transcurrió con absoluta normalidad, al igual que las siguientes. Sin embargo, lo sucedido el día 9 plantea numerosos interrogantes. Esa noche, a pesar de la ilegalidad que suponía cele-

Anuncio de la bodega de Raimundo Mira

Melitón Serrano Ortiz; a la derecha junto a Adolfo Moreno,
jornalero y autor dramático de La Solana

brar una reunión estando vigente la declaración del estado de guerra
y de que el propio Melitón desaconsejó la asistencia, los militantes
socialistas de la localidad se reunieron en asamblea en la Casa del
Pueblo y la Guardia Civil, conocedora del asunto, se personó para
clausurar la sede. Sin que sepamos cómo, se inició un tiroteo y los
socialistas, para protegerse, cortaron la electricidad del local mientras
que las fuerzas del orden acordonaban el edificio. Algunos sitiados

Casa de Jarovendo, sede del Partido Socialista en La Solana

intentaron huir por los tejados y en esas circunstancias fue abatido Doroteo Martín Zarco. Los disparos intermitentes se prolongaron durante toda la noche y a la mañana siguiente, con la llegada de más guardias civiles, fueron detenidas cincuenta y ocho personas. Fernando del Rey ha completado brillantemente, con las fuentes orales, la poca información que ofrece la documentación escrita y nos brinda una visión de la trama que condujo a los hechos: el comandante militar de la provincia encomendó las funciones de orden público en La Solana al líder agrario, Pedro José García-Cervigón Fernández-Mayoralas, y este acordó con el sargento de la Guardia Civil la toma de la Casa del Pueblo y la detención de los socialistas que, casi con total seguridad, a pesar del bulo que corría por el pueblo, no pretendían iniciar ninguna movilización armada. La Patronal de Agricultores y algunos funcionarios municipales se unieron a la trama, de manera que unos doscientos hombres apoyaron a la Guardia Civil en el cerco a la sede socialista y en el control de las principales calles de la población. Estas "gentes de orden", asumiendo legalmente funciones encomendadas al ejército o a la Guardia Civil, muestran una movilización paramilitar en La Solana que produjo "... odios y rencores sin cuento que a la larga tendrían consecuencias muy graves..."[67].

Como responsable de la huelga en Alcázar de San Juan y en su zona de influencia (Campo de Criptana, Pedro Muñoz y Socuéllamos), designaron desde el Comité Revolucionario de Ciudad Real a Salvador Soria Martín, concejal alcazareño y presidente del Consejo Obrero Ferroviario de la localidad. Cano Murillo, a través de Francisco Sánchez Oliva, le envió diecisiete pistolas de las veinte que había recibido de la Federación de Banca[68]. Soria se puso rápidamente en contacto con su compañero Rafael Serrano Parra –el Mono–, que era factor en la estación, le entregó las pistolas y le encargó la formación de varios grupos de hombres dispuestos a la acción. Juntos planificaron asaltar los cuarteles, controlar la central eléctrica, cortar las vías férreas e, incluso, ocupar algunos conventos y casas particulares. Serrano, en los primeros días de septiembre, durante las ferias de la ciudad, habló con Modesto Marín y con Antonio Abengózar Lorente, para que le ayudaran a reclutar a los militantes necesarios y, a través de Camilo Laguna Morales, contactó con Justo Chocano Moreno –el Polvorista–, para preguntarle si la pólvora que él fabricaba podía servir para la fabricación de bombas. La respuesta debió de ser afirmativa y, en los talleres de la estación, Benedicto Castillo Redondo fabricó siete bombas a partir de un tubo de hierro, en el que se debía colocar el explosivo, que tenía un agujero en el centro, para instalar la mecha, y que se cerraba con dos tuercas en los extremos. El arsenal se completó con un buen número de bombas incendiarias, simples botellas rellenas de un líquido inflamable, precursoras de lo que luego se conocería como cóctel molotov.

El comité de Alcázar de San Juan tenía todo más o menos preparado y solo esperaba, para cumplir sus propósitos, a recibir la orden desde Ciudad Real y a que llegara a la localidad, para ponerse al frente del movimiento, el exdiputado socialista por la provincia Antonio Cabrera Toba que, a pesar de ser madrileño, gozaba de un enorme

Izquierda: Antonio Cabrera Toba
Derecha: Antonio Abengózar Lorente

Camilo Laguna Morales

prestigio en la circunscripción alcazareña. El día 4, como comentamos, César Romero viajó en tren hasta la localidad, para entrevistarse con Salvador Soria y avisarle de la inminencia de la insurrección. Al día siguiente, María Moreno recibió el telegrama con la frase "Tu hermano, grave, Julián", que dejaba claro que todo debía iniciarse a las 00:00 horas del 6 de octubre.

También en Alcázar, el secreto a voces de la rebelión que preparaban los socialistas, o algún chivatazo concreto, desbarató por completo

Fotografía aérea anónima de los años 30 de la Estación de Ferrocarril. Archivo Municipal de Alcázar de San Juan

los planes que tenían previstos. En casa de Rafael Serrano cargaron las bombas con la pólvora y luego, Miguel José Lucendo del Olmo y Blas García Coronado, llevaron trece pistolas a Francisco Moraleda Rodríguez, para que las repartiera en cuanto recibiera la orden. En la madrugada del día 6, los huelguistas, como era su propósito, lograron detener en la estación los expresos de Barcelona y de Algeciras, pero tan solo por espacio de una hora, porque los trenes volvieron a circular[69] tras intervenir la Guardia Civil, que estaba sobre aviso. Más o menos a esas horas, cuando viajaba hacia Alcázar, fue detenido en Aranjuez Antonio Cabrera Toba. Los huelguistas quedaron desconcertados cuando el exdiputado no llegó a la ciudad; a pesar de ello, proclamaron la huelga a primera hora de la mañana, confiados aún en que conseguirían cumplir sus planes, y Salvador Soria animó a Miguel José Lucendo del Olmo a que se movilizara y a que, encabezando un grupo de hombres de su confianza, intentara paralizar los trabajos en algunas bodegas y cortar las comunicaciones en la estación[70]. Aunque alguno obreros secundaron el paro y se llegó a cortar la línea telefónica, los ferroviarios no abandonaron sus puestos de trabajo; eso provocó que la huelga no tuviera, en absoluto, el seguimiento esperado y que sus dirigentes decidieran, ante la presencia constante de la Guardia Civil, no poner en marcha otras acciones e incluso dispersar a los más de cien hombres que, a última hora de la tarde, se congregaron en la zona conocida como La Serna, muy cerca de la plaza de toros. Desde ese momento, las fuerzas de orden público, comandadas por el capitán de la Guardia Civil, Juan Sáez Chorot, comenzaron sus investigaciones para desenmarañar la trama y, el 2 de noviembre, localizaron parte del arsenal escondido y realizaron las primeras detenciones[71].

Salvador Soria contactó también con socialistas de Campo de Criptana, para que prepararan la huelga en su pueblo y pedirles que intentaran enviar a alguno de sus militantes en apoyo de las acciones que se cometerían en Alcázar de San Juan[72]. Se entrevistó, concretamente, con el exalcalde socialista Manuel Vela López quien comunicó la noticia a otros miembros de la Casa del Pueblo, como Matías Olivares Rubio, Manuel Rey, José Aparicio o Augusto Olmedo, para que juntos decidieran qué podían hacer; consensuaron formar un grupo de hombres que, escondidos cerca de la estación, intentaran impedir la circulación de los trenes el día en que se les diera la noticia del inicio de la insurrección. Soria, tras recibir el telegrama desde Ciudad Real, encargó el día 5 a Aniceto Sánchez Martín que fuera desde Alcázar a Campo de Criptana, para anunciar el inicio de la huelga, y este se lo comunicó, probablemente a última hora de la tarde del día 5, sin que ya tuvieran margen para organizar la acción que tenían prevista, a los dirigentes socialistas de aquella localidad. Por eso decidieron acometerla en la madrugada siguiente, pero el día 6 ya era evidente que la insurrección general había fracasado y no se movilizaron.

En agosto de 1934 ya sabían en Socuéllamos que se estaba preparando un movimiento subversivo y, en una casilla del ferrocarril, Juan José Casamayor López convocó a siete personas con el fin de discutir sobre lo que podían hacer en el pueblo para sumarse a la insurrección. Aunque decidieron que debían incendiar las casas particulares de algunos vecinos, cuando llegó el momento de movilizarse no lo hicieron y en la población no se produjo ningún incidente [73]. Algo parecido debió de ocurrir en Pedro Muñoz, donde, a pesar de que tampoco pasó nada, fueron detenidas dieciséis personas, días después del conato revolucionario, por participar en una reunión ilegal que se celebró en una casa a las afueras de la localidad [74].

Manuel Vela López   Matías Olivares Rubio

Tras esta visión general de los hechos ocurridos en la provincia durante aquellos días de octubre, queda de manifiesto que "la revolución mejor preparada de la historia" no fue mucho más allá de una asonada chapucera, que puso de manifiesto que ni la planificación, ni las municiones de las que se dotaron, ni tan siquiera la concienciación de la clase trabajadora eran suficientes como para oponerse abiertamente a unas fuerzas de orden público que, desde la firmeza, las autoridades republicanas no dudaron en movilizar enérgicamente desde el primer momento.

28 *FPI-AARD*, n.º 268-04, pp. 38 y 39 y Largo (2020), p. 155.

29 Ver del Rosal (1984), p. 259 y Souto (2000), p. 353 y ss.

30 Largo (2020), pp. 153-154.

31 Souto (2000), p. 372.

32 Largo (2020), p. 150.

33 Para ver los incidentes sucedidos en Puertollano en aquellos días, ver *El Pueblo Manchego* entre el n.º 7909, de 5 de octubre de 1934, y el n.º 7934 del 5 de noviembre de 1934. Esta información se completa con la información que proporciona *AAPCR*, Libro de Sentencias de 1934 y de 1935.

34 Serían detenidos ese mismo día, como consecuencia de esa acción, y juzgados por sedición y tenencia de armas el 30 de enero de 1935. Fueron también acusados de los hechos Bibiano Ramírez Aldavero y Cipriano Morales Liñán, que resultarían absueltos. El resto fue también absuelto de la tenencia de armas, pero fueron condenados a pagar al vendedor 43 pesetas, por los daños ocasionados a los periódicos, y a 4 meses de prisión; *AAPCR*, Libro de Sentencias de 1935, Sentencia n.º 46, Sum. n.º 208.

35 Dueñas sería detenido el 8 de octubre y condenado por estos hechos, que se consideraron constitutivos de desórdenes públicos, a 2 meses de prisión; *AAPCR*, Libro de Sentencias de 1934, Sentencia n.º 488, Sum. n.º 213. Ver también *AHPCR*, Sección Justicia, Caja 714, Sum. 213.

36 *AAPCR*, Libro de Sentencias de 1934, Sentencia n.º 553, Sum. n.º 212. Todos ellos fueron detenidos días después, aunque, finalmente, serían absueltos.

37 Se le acusó de un delito de sedición del que sería absuelto el día 15 de noviembre; *AAPCR*, Libro de Sentencias de 1934, Sentencia n.º 491, Sum. n.º 215. Ver también *AHPCR*, Sección Justicia, Caja 714, Sum. 215.

38 Los detenidos fueron Francisco Galiana, César García Casero, Melquiades Navarro, Luis Rodríguez, José Fernández, Eusebio Mora y Ángel Santana, ver *El Pueblo Manchego*, n.º 7914, de 11 de octubre de 1934.

39 Para documentar lo sucedido en Mestanza, ver *El Pueblo Manchego*, n.º 7910, 6 de octubre de 1934; *El Pueblo Manchego*, n.º 7949, 22 de noviembre de 1934; *El Pueblo Manchego*, n.º 7951, 26 de noviembre de 1934; y *AAPCR*, Libro de Sentencias de 1934, Sentencia nº 492, Sum. n.º 222 y Sentencia n.º 499, Sum. n.º 209. También *AHPCR*, Sección Justicia, Caja 714, Sum. n.º 209 y *AHPCR*, Sección Justicia, Caja 714, Sum. n.º 222.

40 Para documentar lo sucedido en Hinojosas de Calatrava ver *El Pueblo Manchego*, n.º 7911, 8 de octubre de 1934; *El Pueblo Manchego*, n.º 7914, 11 de octubre de 1934; *El Pueblo Manchego*, n.º 7937, 8 de noviembre de 1934; *El Pueblo Manchego*, n.º 7939, 10 de noviembre de 1934; *AAPCR*, Libro de Sentencias de 1934, Sentencia n.º 476, Sum. n.º 202 y *AAPCR*, Libro de Sentencias de 1935,

Sentencia n.º 142, Sum. n.º 220. Ver también *AHPCR*, Sección Justicia, Caja 714, Sum. n.º 202.

41 Lo ocurrido en Argamasilla de Calatrava en *AAPCR*, Libro de Sentencias de 1935, Sentencia n.º 36, Sum. n.º 234 y en *El Pueblo Manchego*, n.º 7960, 6 de diciembre de 1934.

42 *AHPCR*, Sección Justicia, Caja 632, Sum. n.º 282.

43 *AAPCR*, Libro de Sentencias de 1934, Sentencia n.º 501, Sum. n.º 224. Ver también *AHPCR*, Sección Justicia, Caja 714, Sum. n.º 224.

44 *El Pueblo Manchego*, n.º 7914, 11 de octubre de 1934.

45 Para documentar los sucesos de Abenójar, ver *AAPCR*, Libro de Sentencias de 1934, Sentencia n.º 61, Sum. n.º 210; *El Pueblo Manchego*, n.º 7910, 6 de octubre de 1934, *El Pueblo Manchego*, n.º 7912, 9 de octubre de 1934, *El Pueblo Manchego*, n.º 7914, 11 de octubre de 1934, *El Pueblo Manchego*, n.º 7917, 15 de octubre de 1934, *El Pueblo Manchego*, n.º 7918, 16 de octubre de 1934, *El Pueblo Manchego*, n.º 7921, 19 de octubre de 1934, *El Pueblo Manchego*, n.º 7923, 22 de octubre de 1934, *El Pueblo Manchego*, n.º 7926, 25 de octubre de 1934, *El Pueblo Manchego*, n.º 7927, 26 de octubre de 1934, *El Pueblo Manchego*, n.º 8197, 9 de enero de 1936, *El Pueblo Manchego*, n.º 8198, 10 de enero de 1936, *El Pueblo Manchego*, n.º 8199, 11 de enero de 1936; *AHPCR*, Sección Cárcel, Caja 405 856, *AHPCR*, Sección Cárcel, Caja 405 889, *AHPCR*, Sección Cárcel, Caja 405 891, *AHPCR*, Sección Cárcel, Caja 405 903, *AHPCR*, Sección Cárcel, Caja 405 904, *AHPCR*, Sección Cárcel, Caja 406 555. Una niña, hija del guardia Bernardino Calzado, tenía problemas cardiacos, y falleció unos días después como consecuencia de un colapso provocado por la ansiedad de aquellos momentos.

46 Para Almadén, ver *AAPCR*, Libro de Sentencias de 1935, Sentencia n.º 100, Sum. n.º 2; *El Pueblo Manchego*, n.º 7911, 8 de octubre de 1934, *El Pueblo Manchego*, n.º 7913, 10 de octubre de 1934; *AHPCR*, Sección Cárcel, Caja 405 911, *AHPCR*, Sección Cárcel, Caja 406 533, *AHPCR*, Sección Cárcel, Caja 406 565. El doctor Vallina estuvo encarcelado en Badajoz durante tres meses. Son muy interesantes sus memorias: Vallina, P., *Mis memorias*, Sevilla, Ed. Cal, Libre pensamiento, 2000.

47 Agudo: *El Pueblo Manchego*, n.º 7918, 16 de octubre de 1934, *El Pueblo Manchego*, n.º 8196, 8 de enero de 1936. Chillón: *El Pueblo Manchego*, n.º 7913, 10 de octubre de 1934; *AHPCR*, Sección Justicia, Caja 714, Sum. n.º 65; *AAPCR*, Libro de Sentencias de 1934, Sentencia n.º 477, Sum. n.º 65.

48 José Manuel Labrador fue nombrado durante la Guerra Civil, el 26 de septiembre de 1936, juez municipal de Moral de Calatrava. Al finalizar la guerra fue sometido a proceso sumarísimo y fusilado, en Valdepeñas, el 7 de agosto de 1940, *AGHD*, Sum. 1911, Caja 1305-7.

49 Allí es donde serían descubiertas el 8 de noviembre, momento en el que la policía inició sus indagaciones. Sobre la huelga en Moral de Calatrava, ver *El Pueblo Manchego*, n.º 7940, 12 de noviembre de 1934, *El Pueblo Manchego*, n.º 7941, 13 de noviembre de 1934, *El Pueblo Manchego*, n.º 7942, 14 de

noviembre de 1934, *El Pueblo Manchego*, n.º 7947, 21 de noviembre de 1934, *El Pueblo Manchego*, n.º 7948, 22 de noviembre de 1934, *El Pueblo Manchego*, n.º 8401, 5 de julio de 1935.

50 Sobre estos sucesos de septiembre, ver *AHPCR*, Sección Justicia. Caja 632. Sum. 215; *AAPCR*, Libro de Sentencias de 1934, Sentencia 427, Sum. 215; *El Pueblo Manchego*, n.º 7882, 4 de septiembre de 1934, *El Pueblo Manchego*, n.º 7918, 16 de octubre de 1934.

Tren de vía estrecha –"El Trenecillo"– que unía Valdepeñas con Puertollano

51 Sobre el incidente con el tren de Valdepeñas a Puertollano, ver *El Pueblo Manchego*, n.º 7911, 8 de octubre de 1934, *El Pueblo Manchego*, n.º 7972, 21 de diciembre de 1934; *AAPCR*, Libro de Sentencias de 1934, Sentencia n.º 4549, Sum. n.º 238. Panaderos: *El Pueblo Manchego*, n.º 7918, 16 de octubre de 1934.

52 Sobre Villanueva de los Infantes, ver *El Pueblo Manchego*, n.º 7918, 16 de octubre de 1934 y *AAPCR*, Libro de Sentencias de 1935, Sentencia n.º 294, Sum. n.º 82. Sobre Castellar de Santiago y Torrenueva, ver *El Pueblo Manchego*, n.º 7923, 22 de octubre de 1934.

53 Así lo relata el propio Amaro del Rosal, ROSAL (1984), p. 240.

54 Llegaron a detener a Gregorio Quílez, socialista oriundo de Malagón, y a Miguel Espadas García, por insolentarse con la fuerza pública. *El Pueblo Manchego*, n.º 7910, 6 de octubre de 1934.

55 Para conocer los hechos en la capital, ver *El Pueblo Manchego*, n.º 7910, 6 de octubre de 1934 y *AAPCR*, Libro de Sentencias de 1935, Sentencia n.º 74, Sum. n.º 262 y *AAPCR*, Libro de Sentencias de 1935, Sentencia n.º 126, Sum. n.º 43. Información sobre las detenciones en *El Pueblo Manchego*, n.º 7915, 13 de septiembre de 1934, *El Pueblo Manchego*, n.º 7917, 15 de octubre de 1934 y *AHMCR*, Libro de Actas del Ayuntamiento, Libro B de 1934. Expedientes peni-

tenciarios de los protagonistas en *AHPCR*, Sección Cárcel, Caja 405.856; *AHP-CR*, Sección Cárcel, Caja 405 986, Leg. 3592; *AHPCR*, Sección Cárcel, Caja 405 858; *AHPCR*, Sección Cárcel, Caja 406 517, Leg. 9185; *AHPCR*, Sección Cárcel, Caja 405 863; *AHPCR*, Sección Cárcel, Caja 405 864; *AHPCR*, Sección Cárcel, Caja 405 877; *AHPCR*, Sección Cárcel, Caja 405 883; *AHPCR*, Sección Cárcel, Caja 405 896; *AHPCR*, Sección Cárcel, Caja 405 905; *AHPCR*, Sección Cárcel, Caja 405 907; *AHPCR*, Sección Cárcel, Caja 405 913. Juicios en *AAPCR*, Libro de Sentencias de 1934, Sentencia n.º 276, Sum. n.º 77; *AAPCR*, Libro de Sentencias de 1934, Sentencia n.º 363, Sum. n.º 225; *AAPCR*, Libro de Sentencias de 1934, Sentencia n.º 474, Sum. n.º 266; *AAPCR*, Libro de Sentencias de 1935, Sentencia n.º 74, Sum. n.º 262 y *AAPCR*, Libro de Sentencias de 1935, Sentencia n.º 126, Sum. n.º 43.

56 *El Pueblo Manchego*, n.º 7910, 6 de octubre de 1934, *El Pueblo Manchego*, n.º 7988, 11 de enero de 1935. Se le mantuvo en prisión provisional hasta que se le juzgó el 11 de enero de 1935. Aunque alegó que abandonó el servicio por miedo a un atentado, es probable que, Ignacio, miembro de UGT, conociera los planes del comité local respecto a la detención del tren correo y que su acción fuera una solución de emergencia, acordada para parar el tráfico ferroviario si la voladura fallaba, ya que era el fogonero que debía hacer funcionar la máquina desde Ciudad Real hasta Badajoz. Cuando el convoy llegó a primera hora de la madrugada del día 6 a la estación, Ignacio se bajó de la máquina para intentar que el tren no pudiera circular, pero se llamó al relevo y solo se originó un leve retraso. *AAPCR*, Libro de Sentencia de 1935. Sentencia n.º 11. Sum. n.º 263. Rollo n.º 1524. Fue condenado a 2 meses y 1 día y puesto en libertad tras el juicio.

57 *AGHD*, Sum. 453, Caja 2932-8. Uno de los dirigentes del sindicato de banca de UGT, Ramón Aragonés Castillo, que trabajaba en el Banco Central, fue expedientado y expulsado de la entidad financiera, pero luego sería readmitido. *AGHD*, Sum. 2758, Leg. 5587. También fue expulsado de la misma entidad Germán López Del Castillo. *AGHD*, Sum. 3041 Leg. 1077/15. Del Ayuntamiento solo se ausentaron de sus puestos el obrero del garaje Francisco Cervantes, que fue expedientado a pesar de demostrar que estaba enfermo y el mecanógrafo eventual de arbitrios, Mariano Bartolomé Carrasco, que se presentó a las 11:00 de la mañana, cuando el comité autorizó la vuelta al trabajo. *El Pueblo Manchego*, n.º 7914, 11 de octubre de 1934. *AHMCR*, Libro de Actas del Ayuntamiento, Libro B 1934, Sesión del 11 de octubre 10 de 1934, Finalmente sería expedientado y condenado a dos meses de suspensión de empleo y sueldo, *El Pueblo Manchego*, n.º 7993, 3 de noviembre de 1934. Fueron también suspendidos de empleo y sueldo Felipe Terol y Antonio Fernández y los trabajadores eventuales Fernando García, Ángel Pecellín, Bonifacio Haro y Manuel Pérez. AHMCR, Libro de Actas del Ayuntamiento, Libro A de 1936, Sesión de 12 de marzo de 1936.

58 *AHPCR*, Sección Cárcel, Caja 405 907; *AGHD*, Sum. 371. Caja 3548-5; *El Pueblo Manchego*, n.º 7911, 8 de octubre de 1934.

59 *AAPCR*, Libro de Sentencias de 1934, Sentencia n.º 474, Sum. n.º 266. Las pintadas se debieron realizar la madrugada del 10 al 11. Se detuvo a Feliciano

Pradillo como autor del hecho. *El Pueblo Manchego*, n.º 7914, 11 de octubre de 1934.

60 *AAPCR*, Libro de Sentencias de 1935, Sentencia n.º 126, Sum. n.º 43 y *El Pueblo Manchego*, n.º 7960, 26 de marzo de 1935.

61 *AAPCR*, Libro de Sentencias de 1935, Sentencia n.º 126. Sum. n.º 43. *AGHD*, Sum. 6093, Leg. 5759. *El Pueblo Manchego*, n.º 7960, 26 de marzo de 1935.

62 Lo ocurrido en Piedrabuena y Alcolea de Calatrava, en *El Pueblo Manchego*, n.º 7910, 6 de octubre 1934 y *El Pueblo Manchego*, n.º 8118, 5 de octubre 1935.

63 Para conocer los datos de Daimiel, ver *El Pueblo Manchego*, n.º 7912, 9 de octubre 1934, *El Pueblo Manchego*, n.º 7913, 10 de octubre 1934, *El Pueblo Manchego*, n.º 7914, 11 de octubre 1934, *El Pueblo Manchego*, n.º 7918, 16 de octubre 1934, *El Pueblo Manchego*, n.º 7955, 30 de noviembre 1934. También resultan muy interesantes las aportaciones de Ramón Carranza Gómez-Carpintero en el *Diccionario Biográfico del Socialismo Español*, Fundación Pablo Iglesias.

64 *AAPCR*, Libro de Sentencias de 1934, Sentencia n.º 490, Sum. n.º 140.

65 *AAPCR*, Libro de Sentencias de 1935, Sentencia n.º 21, Sum. n.º 164. *AAPCR*, Libro de Sentencias de 1935, Sentencia n.º 22, Sum. n.º 165. *AHPCR*, Sección Audiencia, Caja 113 B. Sobre Manzanares, ver también *El Pueblo Manchego*, n.º 7911, 8 de octubre 1934 y Bermúdez (2018).

66 Melitón Serrano, que nació en Ruidera en 1907, constituye un ejemplo perfecto del líder que surge en los momentos previos a la República y que luego consigue movilizar a sus convecinos. Electricista de profesión, llegó a La Solana en septiembre de 1931 no por azar, sino por orden del Partido Socialista, que le encomendó la misión de crear conciencia y de movilizar al proletariado, para que reclamara la desprivatización del Legado Bustillo. Debió de hacer muy bien su trabajo porque, en septiembre de 1933, según se publicaba el n.º 296 de la revista *Estampa*, de Madrid, en La Solana había unas 85 pintadas en las calles céntricas: en 19 se leía "Viva el Comunismo"; en 18, "Viva el Socialismo"; en 15, "Mueran los burgueses"; en 11, "Abajo el capitalismo"; en 9, "Viva la República"; en 7, "Viva Carlos Marx"; en 1, "Viva Federico Engels" y 5 eran ilegibles. Sobre la figura de Melitón, ver Del Rey (2008), pp. 144 y ss.

67 Del Rey (2008), pp. 413 y ss. Melitón Serrano no hizo acto de presencia ese día en la Casa del Pueblo; consiguió escapar y refugiarse en Ruidera, donde sería detenido el 6 de noviembre, *El Pueblo Manchego*, n.º 7936, 7 de noviembre de 1934. Sobre los sucesos de La Solana, ver también *El Pueblo Manchego*, n.º 7913, 10 de octubre de 1934. *El Pueblo Manchego*, n.º 7914, 11 de octubre de 1934. *El Pueblo Manchego*, n.º 7936, 7 de noviembre de 1934. *El Pueblo Manchego*, n.º 7947, 21 de noviembre de 1934. *El Pueblo Manchego*, n.º 7958, 4 de diciembre de 1934. *El Pueblo Manchego*, n.º 7967, 15 de diciembre de 1934, *El Pueblo Manchego*, n.º 7913, 29 de enero de 1935. El peor parado fue Manuel Domínguez Alberca para el que el fiscal solicitó durante su consejo tres años y un día de prisión, por proferir frases como "... a ellos coger los cuchillos son pocos y hay que acabar...", *El Pueblo Manchego*, n.º 8006, 22 de mayo de 1935.

68 *El Pueblo Manchego*, n.º 7962, 28 de marzo de 1935; *El Pueblo Manchego*, n.º 8039, 3 de julio de 1935 y AGHD, Sum. 453, Caja 2932-8.

69 *El Pueblo Manchego*, n.º 7910, 6 de octubre de 1934.

70 *AHPCR*, Sección Audiencia, Caja n.º 626, Sum. n.º 172 y *AAPCR*, Libro de Sentencias de 1934, Sentencia n.º 552, Sum. n.º 172.

71 Para Alcázar de San Juan, ver *El Pueblo Manchego*, n.º 7910, 6 de octubre de 1934; *El Pueblo Manchego*, n.º 7934, 5 de noviembre de 1934; *El Pueblo Manchego*, n.º 7935, 6 de noviembre de 1934; *El Pueblo Manchego*, n.º 7938, 9 de noviembre de 1934; *El Pueblo Manchego* n.º 7939, 10 de noviembre de 1934; *El Pueblo Manchego*, n.º 7940, 11 de noviembre de 1934; *El Pueblo Manchego*, n.º 7941, 13 de noviembre de 1934, *El Pueblo Manchego*, n.º 7945, 19 de noviembre de 1934, *El Pueblo Manchego*, n.º 8039, 3 de julio de 1935. *AAPCR*, Libro de Sentencias de 1934, Sentencia n.º 552, Sum. n.º 172. Para toda la comarca, ver también Fernández-Pacheco y Moya (2007).

72 Para Campo de Criptana, ver *AHPCR*, Sección Audiencia, Caja 634, Sum. 13 y *El Pueblo Manchego*, n.º 7919, 17 de octubre de 1934; *El Pueblo Manchego*, n.º 7936, 7 de noviembre de 1934, *El Pueblo Manchego*, n.º 7938, 9 de noviembre de 1934 y *El Pueblo Manchego*, n.º 8039, 3 de julio de 1935.

73 *AAPCR*, Libro de Sentencias de 1935, Sentencia n.º 335, Sum. n.º 97.

74 *El Pueblo Manchego*, n.º 7930, 30 de octubre de 1934.

Ruinas de la cárcel de Ciudad Real, inaugurada poco antes de los sucesos de octubre de 1934, tras su abandono

3 LAS CONSECUENCIAS DE OCTUBRE DE 1934

El análisis de la planificación y de las acciones concretas ocurridas durante la "revolución de octubre" no deja lugar a dudas del control que ejercieron el Partido Socialista y la Unión General de Trabajadores en todo lo que tuvo que ver con la intentona, pero eso no significa que otras organizaciones políticas y sindicales quedaran absolutamente excluidas del movimiento. En la provincia, no hemos podido constatar la instauración de la Alianza Obrera[75], pero es más que probable que su constitución explique lo que, durante la celebración del II Congreso Provincial del Partido Comunista, en abril de 1937, comentaba Daniel Sánchez-Vizcaíno

> ...Y llega octubre. En Ciudad Real, como en otras muchas provincias españolas, el Partido Comunista no interviene en la preparación del movimiento hasta los últimos momentos, por desconocer que se estaba organizando por el Partido Socialista. Y es dos días antes de estallar, cuando nos enteramos del mismo. Inmediatamente movilizados todos nuestros efectivos, nos pusimos en contacto con los camaradas socialistas y nuestra intervención en el movimiento ya la conocéis todos...[76]

Los comunistas participaron directamente en los hechos ocurridos en la capital porque, cuando los socialistas les informaron a última hora de lo que se proponían, comentaron que estaban escasos de hombres de acción y que quizás alguno de sus afiliados podía sumarse a las acciones previstas. El Partido Comunista decidió entonces aportar a la trama tres hombres de su organización (Crescencio Sánchez-Ballesteros Ruiz de Lerma, Bonifacio Ángel Cepeda García y Julián Chico Carretero), para que actuaran como piquetes armados, al tiempo que exigía que uno de los suyos, Daniel Sánchez Vizcaíno, formara parte del comando clave que debía colocar las bombas en el puente sobre el río Guadiana. Algo parecido debió de ocurrir en Alcázar de San Juan, donde también tuvo cierto protagonismo el comunista Emilio Tajuelo Menasalbas[77]. La implicación de los cenetistas es menos comprobable, pero eso no les eximió de la persecución que, desde el mismo día 6 de octubre, iniciaron las autoridades contra todo aquello que sonara a organización de izquierdas. En Puertollano, por ejemplo, el día 7, se procedió a la detención de los principales dirigentes del sindicato Reivindicación, adscrito a la CNT, por celebrar una reunión ilegal en la que participaban unas cuarenta personas[78].

Desde el 6 de octubre, en todos los pueblos, los considerados dirigentes y hombres de izquierda, principalmente los socialistas, fueron tratados por las autoridades y por los responsables de la Guardia Civil, la policía y el ejército, como potenciales y peligrosos delincuentes. Ante la sospecha, aunque fuera remota, de que estaban relacionados con los hechos ocurridos o con la preparación de los mismos, se les arrestaba, incluso preventivamente, ante el temor de que pudieran llevar a cabo futuras acciones. Un claro ejemplo de esta situación es lo ocurrido en La Solana, pero también ocurrió así en Daimiel, en Manzanares, en Moral de Calatrava o en la capital. Si en otras localidades importantes, como Valdepeñas, no se procedió de la misma forma, fue porque ya se había descabezado con anterioridad a los dirigentes de la Casa del Pueblo. Se llegó, incluso, a reactivar sumarios sin importancia, para poder detener a individuos que se encontraban procesados, pero en libertad[79].

En ese contexto, en la provincia fueron encarceladas 355 personas, 178 en el territorio dependiente del Comité de Puertollano y 177 en el que era responsabilidad del de Ciudad Real. Las poblaciones en las que se produjo un mayor número de detenciones fueron aquellas en las que hubo víctimas, con independencia de que los responsables de las muertes hubieran sido los huelguistas o las fuerzas de orden público. En Abenójar, donde hubo un fallecimiento directo y otro indirecto, como consecuencia de las acciones de los insurrectos, fueron arrestadas 77 personas; y en La Solana, donde murió un obrero por los disparos de la Guardia Civil, se apresó a 59. Les siguió la capital, donde había estallado una bomba que produjo una enorme alarma social, con 39 arrestos; Puertollano, localidad en la que se quería evitar,

DETENIDOS DEL TERRITORIO DEPENDIENTE DEL COMITÉ DE PUERTOLLANO

Abenójar 77

Puertollano 31

Almadén 5

Cañada de Cva. 1

Agudo 22

Valdepeñas 5

Chillón 1

Mestanza 14

Hinojosas de Cva. 4

Castellar 1

Argamasilla de Cva. 6

Los Pozuelos de Cva. 2

Infantes 1

Moral de Cva. 6

Villamayor de Cva. 2

DETENIDOS DEL TERRITORIO DEPENDIENTE
DEL COMITÉ DE PUERTOLLANO

La Solana 59

Ciudad Real 39

Daimiel 11

Alcázar de San Juan 23

Socuéllamos 8

Pedro Muñoz 16

Manzanares 7

Campo de Criptana 13

Alcolea de Cva. 1

a toda costa, la movilización de los mineros, con 31; y Alcázar, donde se pretendía desalentar a los ferroviarios, con 23.

La jurisdicción militar empezó a instruir diligencias rápidamente, de manera que el 16 de octubre ya se estaban tramitando 14 procesos, y el 29 de ese mismo mes se habían abierto 33 sumarios (ocho en la capital, cuatro en Puertollano y en Daimiel, dos en Valdepeñas y en Moral de Calatrava y uno en Abenójar, Agudo, Alcolea de Calatrava, Alcázar, Almadén, Almadenejos, Argamasilla de Calatrava, Ballesteros, Fuencaliente, Mestanza, Piedrabuena, Tomelloso y Villanueva de los Infantes) bajo la autoridad de bastantes jueces castrenses: Buenaventura González y Pedro López, comandantes de infantería; Pérez Hickmann, comandante de caballería; Ricardo Escribano, capitán de infantería; Juan Sáez y Miguel Vega, capitanes de la Guardia Civil; Catalá, Torres y Afea, tenientes de la misma institución; y Antonio Criado, alférez de la Benemérita. El número de expedientes continuó incrementándose en las semanas siguientes y, a mediados de noviembre, ya había en marcha 62 procesos en la provincia, derivados de la planificación y el desarrollo de los sucesos ocurridos en octubre de 1934[80].

La mayoría de los encausados se quejaron, en cuanto pudieron, de haber recibido malos tratos al ser detenidos y de haber firmado las declaraciones indagatorias, casi siempre realizadas por la Guardia Civil, bajo amenazas y en un ambiente de gran presión psicológica. A todos ellos, en muchos casos sin suficientes pruebas, se les imputaron cargos que iban desde la tenencia de armas o explosivos, la desobediencia, las coacciones y la reunión ilegal hasta los desórdenes públicos, los daños, la conspiración para la sedición, el auxilio, la rebelión militar e, incluso, el asesinato. Independientemente de la gravedad de las acusaciones, el tiempo de estancia en prisión de los detenidos fue muy desigual y tuvo más que ver con el lento ritmo de la justicia que con los hechos en sí mismos; de manera que, aunque algunos salieron en libertad en pocos días, otros, antes de recibir una condena firme, sufrieron reclusión durante más de 15 meses. De cualquier forma, tras los juicios que se celebraron, 76 detenidos fueron puestos en libertad sin llegar a verse ante un Tribunal Militar o en el banquillo de la Audiencia Provincial[81], 174 imputados fueron absueltos y "solo" uno de cada tres sufrió un castigo legal por los sucesos ocurridos durante aquel mes de octubre. Esto no implica que no se impusieran penas muy duras ya que, antes de que se formalizaran los recursos contra las sentencias, 26 procesados fueron sentenciados a cadena perpetua; otros 20, a condenas superiores a los 8 años; y otros 25, a más de un año de prisión. Los más castigados fueron los que formaron parte de las cuadrillas que cercaron el cuartel de la Guardia Civil de Abenójar, que fueron acusados de la muerte de Rufino García García, y los responsables de los comités de Puertollano y Ciudad Real, al ser los encargados de coordinar las acciones en todos los municipios de la provincia.

CONDENAS Y PENAS DE PRISIÓN

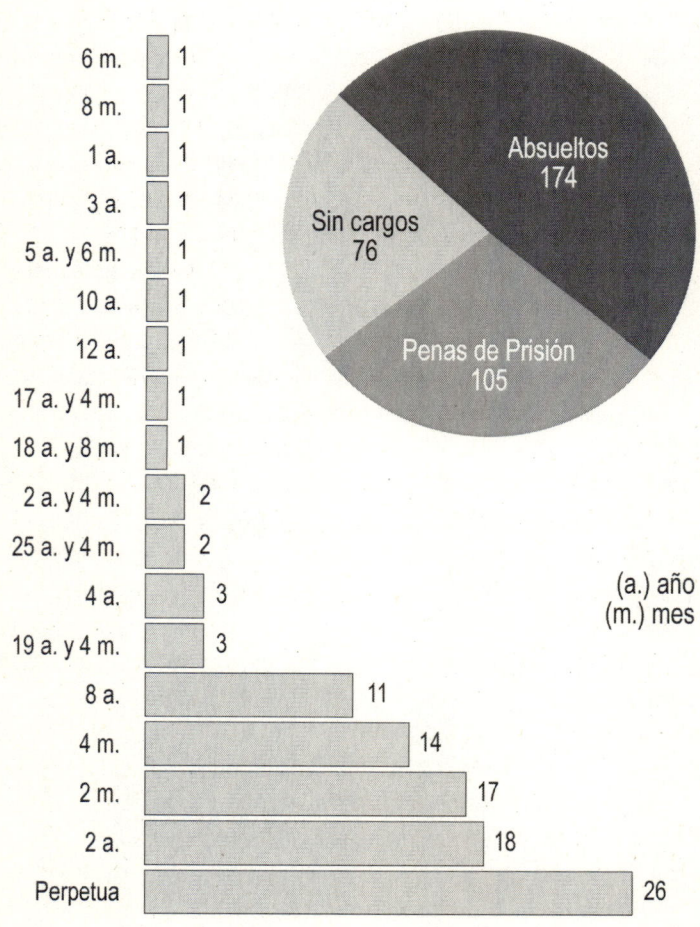

De hecho, y tras las conmutaciones, los más perjudicados fueron José Cardos Infantes, cabecilla del movimiento insurreccional en Abenójar, que fue sentenciado a reclusión perpetua; Antonio Cañizares Peñalva y Julio Guzmán Izquierdo, rectores de la zona de Puertollano, que fueron condenados, definitivamente, a la misma pena; Antonio Cano Murillo y Calixto Pintor Marín, como principales responsables del territorio dependiente de Ciudad Real, que fueron castigados a más de 25 años; Clodoaldo Barrios Roca, Octavio Carrasco Martínez, Vicente Fernández-Calvillo Gigante y Daniel Sánchez Vizcaíno que, como integrantes de la célula que colocó la bomba en el puente de hierro sobre el Guadiana en Ciudad Real, fueron condenados a penas entre los 17 y los 19 años; y Antonio Carrilero González, el alcalde de Mestanza, al que se responsabilizó del levantamiento sucedido en Mestanza, y que fue condenado a más de 18 años[82].

Tanto la detención de los posibles implicados en los hechos, como los juicios que se celebraron contra ellos, a pesar de la habitual falta de pruebas que antes mencionamos, fueron la respuesta lógica a una insurrección que, en la provincia y en todo el país, provocó una enorme alarma social; pero el movimiento de octubre sirvió para mucho más a las autoridades conservadoras surgidas de las urnas en noviembre de 1933, al ejército y a las fuerzas de orden público, a los propietarios e, incluso, a la Iglesia. Esto no implica, como ha señalado muy acertadamente Fernando del Rey, que las medidas que se adoptaron conculcaran la legalidad republicana, pues todo aquello que se materializó para "enfrentarse a la revolución" surgió de "... una respuesta a los que se habían salido de la ley y del orden constitucional..."[83]. Era la "gente de orden" de la República, que respetando sus leyes y su constitución, intentaban frenar lo que habían percibido como una auténtica revolución social, aprovechando "... una oportunidad de oro para rectificar lo que estimaban tropelías y desmanes de la izquierda obrera..."[84].

El mismo día 6, el gobierno declaró el estado de guerra y, con ello, correspondió a la autoridad militar, y no a la civil, mantener el orden público[85]. El coronel Mariano Salafranca Barrio se convirtió así en la máxima autoridad en la provincia y, desde el primer momento, tomó medidas para intentar controlar la situación y para facilitar el curso de las investigaciones: decretó que los automóviles circularan con un límite máximo de velocidad de diez kilómetros hora, militarizó la policía muni-

Portada de *El Pueblo Manchego*, n.º 7922, 20 de octubre de 1934

Portada de *El Debate*, n.º 7768, 21 de octubre de 1934

cipal bajo el mando del alférez Santos Sigmaringa Moreno y nombró un primer juez militar, el capitán de infantería Ricardo Escribano Aguado, para que iniciara la instrucción de los sumarios[86]. Por todo el territorio ciudadrealeño se empezaron a clausurar las Casas del Pueblo socialistas[87], pero también algunos locales anarquistas y radical-socialistas en Puertollano, Mestanza, Membrilla, Manzanares o Chillón[88].

Sorprendentemente, si tenemos en cuenta los resultados de las elecciones de noviembre de 1933, la población cerró filas en torno a sus gobernantes. En aquellos comicios, en virtud de la ley electoral, la derecha obtuvo muchos más escaños que la izquierda (204 frente a 93), pero el número de votos que consiguieron fue muy similar y, como ha señalado Gil Pecharromán, no puede considerarse que se produjera "... una derrota apabullante de la izquierda..."[89]. Sin embargo, como señalábamos, los cuadros políticos que regían las instituciones nacionales, provinciales y locales se vieron totalmente arropados por una ciudadanía que se dejó influir por el ambiente de alivio y euforia que se instaló en la cotidianidad de las semanas siguientes a la primera de octubre. En casi todo el país, lo ocurrido aquellos días pudo ser controlado policialmente, pero el hecho de que fuera necesario el ejército para sofocar la dimensión revolucionaria que alcanzó el movimiento en Asturias, se convirtió en un argumento propagandístico usado hasta la saciedad por

Columna de detenidos durante la revolución de octubre de 1934, Brañosera (Palencia)

las organizaciones políticas de derechas, las fuerzas de seguridad del estado y la iglesia que, apoyados en los medios de comunicación que controlaban, manipularon sistemáticamente a la sociedad: la gente de bien, cristiana, con el ejército, la Guardia Civil y los Guardias de Asalto, al servicio de una República de orden, habían conseguido sofocar una revolución marxista que habría devastado España.

Ya el día 6, el gobernador recibió a muchos particulares, que se ponían personalmente a disposición de su autoridad para todo lo que pudieran precisar las fuerzas de orden público[90]. Fue en ese ambiente en el que muchos civiles armados, como ha demostrado magistralmente Fernando del Rey en La Solana[91], se organizaron paramilitarmente con el pretexto de frenar la revolución. Solo diez días después de los principales sucesos, el presidente de las Juventudes de Acción Popular (JAP o JAPAM si consideramos su adscripción a los agrarios), José Ortuño García, enviaba una carta a *El Pueblo Manchego*, que pone claramente de manifiesto la disposición a la acción de todos los conservadores de la mano de sus más jóvenes militantes:

... Los tristes y trágicos momentos por los que hemos atravesado en España, la pasada semana, nos obligan a dirigirnos a todos los amantes del bienestar y del orden... Pues si bien la pasada intentona revolucionaria ha sido sofocada casi completamente, no por ello hemos de contar de que una vez repuestos de los quebrantos sufridos no van a volver aquellos insensatamente a encenagar el suelo de nuestra querida Patria... Tan sana lección hemos de aprovecharla para formar nuestros cuadros de organización civil... y grupos de defensa ciudadana... [92]

En la tarde del 7 de octubre se organizó en la capital una manifestación de reafirmación patriótica, que discurrió entre el ayuntamiento y el gobierno civil [93], y, en los días siguientes, se repitieron este tipo de actos en otros pueblos de la provincia [94]. También en muchas localidades, con el objetivo de recaudar fondos a favor de las fuerzas de orden público y, auspiciadas por partidos políticos, instituciones y particulares, empezaron a realizarse suscripciones, colectas, donaciones e incluso capeas y sesiones musicales, teatrales o cinematográficas [95]. La Iglesia inmediatamente se identificó con esa España de orden y prestó su estrecha colaboración a la causa antisocialista, inundando de misas, novenarios, rosarios y funerales por las víctimas las parroquias de todos los pueblos e incluso el obispo, Narciso Esténaga Echevarría, presidió algunas ceremonias de este tipo y, aprovechando el fervor popular del momento, participó activamente en otros actos de exaltación religiosa [96].

Ya desde las elecciones de noviembre de 1933, con el triunfo del centro derecha, los gobernadores civiles habían comenzado a designar concejales conservadores para cubrir las vacantes existentes en los ayuntamientos, con lo que provocaron que, en muchas localidades, como ocurrió por ejemplo en la capital, los socialistas perdieran el control del consistorio [97]; pero tras los sucesos de octubre y antes de que terminara 1934, la máxima autoridad provincial, en virtud de sus atribuciones, destituyó a los concejales socialistas, y a algunos otros republicanos de izquierda, en 34 municipios ciudadrealeños y nombró para ocupar sus puestos a miembros del Partido Radical o a simpatizantes de Acción Popular Agraria Manchega, otorgando de esa manera el control de la política local a la derecha. Las destituciones por su adscripción política afectaron también a funcionarios, empleados y trabajadores [98].

Narciso Esténaga Echevarría, obispo de Ciudad Real. Tras los intentos revolucionarios de octubre de 1934, se alineó, junto a la iglesia, del lado antisocialista, en pro de una "España de orden"

La propaganda antisocialista y de reafirmación de una República de orden tuvo varios momentos culminantes en las semanas y en los meses siguientes.

El primero de ellos fue el entierro del guardia civil fallecido en la provincia, Rufino García García. Tras resultar herido en ambas piernas por un disparo, en los sucesos ocurridos en Abenójar, fue ingresado en el Hospital Provincial, pero su evolución no fue la esperada al gangrenarse una de sus heridas; aunque el día 21, ante una situación que se agravaba, los facultativos decidieron amputarle una de las extremidades, no consiguió superar la grave infección. Falleció el 25 de octubre y el entierro se organizó para el día siguiente. La Cámara de Comercio decretó que todos los negocios cerraran de tres a cuatro de la tarde para poder sumarse al duelo y *El Pueblo Manchego* alentó a la población afirmando que la pena por la muerte de Rufino era un "... pesar que todos los ciudadrealeños sienten en lo íntimo y que mañana, tal es nuestra confianza, sabrá expresar el vecindario asistiendo al entierro del heroico soldado caído en defensa de la sociedad...". El entierro terminó convirtiéndose no en la auténtica manifestación del dolor y la desolación que se comparte con los seres queridos del finado, sino en un acto perfectamente diseñado para reforzar la pacífica posición política conservadora, que, apoyada por el ejército, las fuerzas de orden público y la Iglesia, se había enfrentado a la barbarie que los socialistas pretendieron imponer al pueblo.

De hecho, como el propio diario reconocía, en la ceremonia hubo dos duelos claramente diferenciados, el oficial y el familiar. En un salón del piso bajo del hospital se situó la presidencia, encabezada por el obispo y, aunque el padre y los hermanos del difunto estaban presentes, figuraban en un segundo plano entre las más de cien personas que la formaban. Había destacados miembros de la burguesía, pero también los rectores de las principales instituciones militares, políticas y administrativas. De las militares: el coronel Mariano Salafranca; el secretario del gobernador, en representación del gobernador civil Alejandro Pérez Moya, que no pudo asistir; el teniente coronel de la Guardia Civil, los jefes de los Guardias de Asalto y de los Carabineros. De las políticas: los diputados de la CEDA Luis Montes López de la Torre, Luis Ruiz-Valdepeñas Utrilla y José María Mateo la Iglesia; el diputado del Partido Republicano Conservador Daniel Mondéjar Fúnez; el diputado del Partido Republicano Progresista Cirilo del Río Rodríguez; el presidente de la Juventud de Acción Agraria Manchega José Ortuño García; el presidente de la Diputación; el alcalde; los magistrados de la Audiencia Provincial; el juez de primera instancia y el juez municipal. De las administrativas: el director del Hospital Provincial; el presidente del Colegio de Farmacéuticos, el presidente del de Practicantes y el presidente del de Procuradores; el delegado de Hacienda; el delegado de Trabajo; el director del Instituto; representantes del Banco de España: cajero, secretario e interventor; representación de entidades oficiales y particulares: el comandante del puesto de Abenójar, que había sido un testigo directo de los sucesos, Luis Beltrán; el alcalde y los concejales de Daimiel, de donde era natural Rufino; y el alcalde, los concejales y el secretario del ayuntamiento de Abenójar.

A las tres de la tarde se encuentran ya repletas de gente la calle Caballeros, la del Carmen y las inmediaciones del Hospital y, quince minutos después, empezó a discurrir ante la presidencia la fila que se organizó para dar el pésame. Durante más de tres cuartos de hora, un gran número de guardias civiles y de militares uniformados, y también muchísimos particulares desfilaron rindiendo su homenaje al difunto. A las cuatro, el clero de la parroquia de la Merced, con cruz alzada, encabezó el recorrido de la comitiva fúnebre hasta la Iglesia; tras ellos, el féretro transportado a hombros durante todo el trayecto, a turnos[99], por miembros de la Guardia Civil, los Guardias de Asalto y el ejército; y, cerrando el cortejo, la presidencia del duelo, una carroza que llevaba las numerosas coronas y un inmenso gentío. Al llegar a la Merced, el prelado rezó un responso, dio su bendición y la comitiva continuó hasta la plazuela del Cuartel, desde donde el cuerpo de Rufino García García se trasladó a Daimiel para recibir sepultura. A su paso por Carrión y por Torralba de Calatrava, la comitiva fue recibida por numeroso público y se detuvo para que se oficiara un breve responso. Cuando llegó a su localidad natal, sobre las seis de la tarde, unas seis mil personas estaban esperando al cortejo fúnebre y, entre vivas a la Guardia Civil, al Ejército y a España, escoltaron el féretro a la Plaza de la Constitución y luego al cementerio[100]. El dolor, el luto y el rechazo de la gente de bien, ante la intentona socialista, había quedado claramente de manifiesto, aprovechando la ocasión que brindaba la muerte del guardia civil. Su funeral podía haberse organizado discretamente y se debería haber facilitado su traslado a Daimiel en un ambiente recogido y familiar, pero se convenció a sus parientes para que renunciaran a su intimidad y el acto se revistió del boato y de la publicidad necesarios, con la asistencia de los principales representantes del ámbito religioso, político, social y económico, para que se convirtiera en un acontecimiento de exaltación política, religiosa y militar.

Los primeros juicios, sobre todo la vista a la que se sometió a un grupo numeroso de mujeres de Abenójar o los celebrados en la Audiencia Provincial por los sucesos en la capital, fueron también aprovechados para arremeter, genéricamente, contra el socialismo.

Las mujeres detenidas de Abenójar. Fuente: Casa del Pueblo de Abenójar

Ante la inminencia del jucio contra las mujeres de Abenójar[101], el 9 de enero de 1935, Fidel García Fúnez intentó que los familiares de los presos del pueblo se manifestaran para reclamar la libertad de los mismos y solicitó al pregonero de la localidad que anunciara la convocatoria; pero, como este se negó, la manifestación no se llegó a celebrar. A pesar de eso, inmediatamente, las autoridades le acusaron de provocar un desorden público y fue detenido; además el suceso fue aireado como un nuevo conato de revuelta socialista. El 8 de febrero de 1935, cuando por fin se juzgó a las mujeres que habían entrado el 6 de octubre de 1934 en la almazara de Manuel Laín, para apropiarse de diversas cantidades de aceite para su uso personal, el caso se presentó ante la opinión pública como un ejemplo del poco respeto que tenían los marxistas hacia la propiedad privada.

Durante los procesos por lo ocurrido en la capital, que se vieron el 13 de febrero y el 26 de marzo de 1935, se produjeron serios enfrentamientos entre la prensa local y algunos abogados; por ejemplo, Francisco Serrano Pacheco, defensor de Fernando Piñuela Romero, acusó en su informe público a *El Pueblo Manchego* de haber menospreciado a su representado, mientras que el diario arremetió contra él llamándole "... abogado con espíritu de señor..."[102].

Los procesados de Ciudad Real a su salida de la Audiencia Provincial

El día 5 de octubre de 1935, coincidiendo con el aniversario de la huelga revolucionaria, el diario católico hacía un resumen de lo acontecido el año anterior y afirmaba que "... los elementos que hace un año sumieron a España en la ruina esperan un desquite y llaman a los guardadores del orden asesinos del pueblo... Ellos que no dudaron en engañar al pueblo para llevarlo a la muerte..."[103]. Ese mismo mes, el 24 de octubre de 1935, en medio de un ambiente político que empezaba a enrarecerse, se hizo entrega de una bandera a la Guardia Civil de la provincia, para la que se recaudaron por suscripción popular más de 10 000 pesetas; el evento se aprovechó para organizar un auténtico acto de enaltecimiento de los valores conservadores: la unidad de la patria, el ejército garante del orden y la religión como sustento de la familia y las buenas costumbres. El domingo 20 de octubre, en el camarín de la Virgen del Prado, el obispo Narciso Esténaga bendijo la bandera; el 24 se declaró festivo en todas las localidades de Ciudad Real y la Cámara de Comercio decretó el cierre de todos los establecimientos durante la mañana[104].

El periódico *Vida Manchega* afirmaba

... Soberbio espectáculo. Día espléndido. Millares de personas invaden el parque. 400 guardias civiles en traje de gala esperan

Algunas imágenes de los actos de entrega a la Guardia Civil de la provincia de una bandera

alineados el momento solemne de recibir la enseña de la patria. Ocho, nueve, diez bandas de música amenizaban con sus notas. Los guardias de asalto toman también puestos de honor. Vivas ensordecedores. Entusiasmo indescriptible. Llega el momento, actúa la madrina y flamea la bandera. Habla el ministro. Se suceden los vivas hasta enronquecer. Desfilan las fuerzas con gran marcialidad entre los acordes de la música y el entusiasmo vibrante de la gente. Aún hay Patria.Ciudad Real vive... [105]

Otro acto muy mediático fue el consejo de guerra celebrado, desde el 9 de enero de 1936, contra los "insurrectos" de Abenójar. En octubre y noviembre de 1935 habían estallado escándalos como el del "*straperlo*" o el del "asunto Nombela" y se destapó el ambiente de corrupción que se vivía en las altas esferas políticas, lo que colocó al Partido Radical en un callejón sin salida. Dos días antes de que se iniciara el juicio, se disolvieron las Cortes y se convocaron elecciones generales para el 16 del mes siguiente [106]. En ese ambiente de crispación institucional, el juicio se politizó inmediatamente. La mañana de su inicio, a pesar de la enorme vigilancia de miembros de la Guardia Civil y de las fuerzas de asalto, frente a la puerta de acceso al edificio que se había elegido para celebrarlo, la antigua sede de los jesuitas, apareció una pintada que decía "... Camaradas de Abenójar, os prometemos luchar sin descanso por vuestra liberación y la de todos los revolucionarios..." [107]. Por su parte, *El Pueblo Manchego* informaba la tarde del primer día del juicio, pormenorizadamente y con un gran titular, del desarrollo de la sesión matinal y lo mismo hizo en la jornada siguiente, ocupando completamente con su crónica la contraportada del diario. A la vez, en primera página, sin ningún rigor informativo, pues la noticia no era oficial, se anticipaba el resultado de la sentencia, evidenciando así la presión que pretendía ejercer en el tribunal la línea editorial del periódico [108].

Finalmente no se produjo ninguna sentencia de muerte y el Duende Rojo, el autor de las pintadas, abandonó la Prisión Provincial sin permanecer en ella ni tan siquiera cuatro días; pero, en aquellas jornadas de enero ya era evidente la quiebra de la convivencia que se había forjado tras los comicios de noviembre de 1933 y que se agudizaría en la violenta primavera de 1936. Tras unas elecciones donde el lema de la derecha fue "Acordaos de Asturias" y el de la izquierda, "Amnistía", se pasó de las palabras a los puños y de los puños a las pistolas.

ÚLTIMA HORA

Sentencia de muerte a José Cardos

A las siete y media se encontraba reunido todavía el Consejo que ha de fallar las sentencias por los hechos de Abenójar. Sabemos, sin embargo, que se ha condenado a muerte a José Cardos Infantes. La sentencia es secreta y está pendiente de la aprobación de la Auditoría de la División. No es por tanto oficial aunque hasta nosotros ha llegado ya por conducto fidedigno.

Cartel electoral del Frente Popular

Cartel electoral de la derecha

75 Alianza Obrera surgió en Cataluña, a finales de 1933, fruto del pacto al que llegaron distintas agrupaciones de izquierda entre las que se encontraban el Partido Socialista y la Unión General de Trabajadores. El principal objetivo de este conglomerado político era la creación de un frente común desde el que oponerse, de cualquier forma, a las medidas contrarreformistas que planeaba realizar el gobierno surgido de las urnas en noviembre de 1933. El Partido Comunista y la Confederación Nacional del Trabajo no se integraron en la Alianza Obrera en un primer momento, pero los comunistas se unieron tras la III Internacional, en septiembre de 1934, y a título privado, no institucionalmente, algunas confederaciones anarquistas.

76 *Avance*, n.º 39, 14 de abril de 1937.

77 *El Pueblo Manchego*, n.º 8039, 3 de julio de 1935.

78 *AAPCR*, Libro de Sentencias de 1935, Sentencia n.º 54, Sum. n.º 211.

79 En Almadén se detuvo al médico anarquista Pedro Vallina Martínez. Resto de pueblos: *AHPCR*, Sección Justicia. Caja 632. Sum. 215; *AAPCR*, Libro de Sentencias de 1934, Sentencia 427, Sum. 215; *El Pueblo Manchego*, n.º 7882, 4 de septiembre de 1934, *El Pueblo Manchego*, n.º 7918, 16 de octubre de 1934. Reactivación: Antonio Menchén Bartolomé, en Manzanares, o José Puebla Perianes, en Chillón. *AAPCR*, Libro de Sentencias de 1934, Sentencia n.º 490, Sum. n.º 140 y *AAPCR*, Libro de Sentencias de 1934, Sentencia n.º 477, Sum. n.º 65, respectivamente.

80 *El Pueblo Manchego*, n.º 7918, 16 de octubre de 1934, *El Pueblo Manchego*, n.º 7929, 29 de octubre de 1934, *El Pueblo Manchego*, n.º 7944, 16 de noviembre de 1934.

81 En algunas causas, los auditores militares se inhibieron a favor de la jurisdicción civil y los hechos no se juzgaron en consejo de guerra. Así ocurrió, por poner uno de los ejemplos más significativos, en la capital, *El Pueblo Manchego*, n.º 7923, 9 de febrero de 1935.

82 Estas son las referencias documentales de las sentencias:
COMITÉ DE CIUDAD REAL: Alcázar: *AAPCR*, Libro de Sentencias de 1934, Sentencia n.º 552, Sum. n.º 172; *El Pueblo Manchego*, n.º 8039, 3 de julio de 1935. Ciudad Real: *AAPCR*, Libro de Sentencias de 1934, Sentencia n.º 276, Sum. n.º 77; *AAPCR*, Libro de Sentencias de 1934, Sentencia n.º 363, Sum. n.º 225; *AAPCR*, Libro de Sentencias de 1934, Sentencia n.º 474, Sum. n.º 266; *AAPCR*, Libro de Sentencias de 1935, Sentencia n.º 74, Sum. n.º 262 y *AAPCR*, Libro de Sentencias de 1935, Sentencia n.º 126, Sum. n.º 43. La Solana: *El Pueblo Manchego*, n.º 8006, 22 de mayo de 1935. Manzanares: *AAPCR*, Libro de Sentencias de 1935, Sentencia n.º 21, Sum. n.º 164; *AAPCR*, Libro de Sentencias de 1935, Sentencia n.º 22, Sum. n.º 165; *AHPCR*, Sección Audiencia, Caja 113 B. Socuéllamos: *AAPCR*, Libro de Sentencias de 1935, Sentencia n.º 335, Sum. n.º 97.

COMITÉ DE PUERTOLLANO: Abenójar: *AAPCR*, Libro de Sentencias de 1934, Sentencia n.º 61, Sum. n.º 210; *AHPCR*, Sección Cárcel, Caja 406 555. Agudo: *El Pueblo Manchego*, n.º 8196, 8 de enero de 1936. Almadén: *AAPCR*, Libro de Sentencias de 1935, Sentencia n.º 100, Sum. n.º 2. Argamasilla de Calatrava: *AAPCR*, Libro de Sentencias de 1935, Sentencia n.º 36, Sum. n.º 234. Cañada de Calatrava: *AHPCR*, Sección Justicia, Caja 632, Sum. n.º 282. Hinojosas de Calatrava: *AAPCR*, Libro de Sentencias de 1934, Sentencia n.º 476, Sum. n.º 202; *AAPCR*, Libro de Sentencias de 1935, Sentencia n.º 142, Sum. n.º 220; *AHPCR*, Sección Justicia, Caja 714, Sum. n.º 202. Los Pozuelos de Calatrava: *AAPCR*, Libro de Sentencias de 1934, Sentencia n.º 501, Sum. n.º 224; *AHPCR*, Sección Justicia, Caja 714, Sum. n.º 224. Mestanza: *AAPCR*, Libro de Sentencias de 1934, Sentencia n.º 492, Sum. n.º 222; *AAPCR*, Libro de Sentencias de 1934, Sentencia n.º 499, Sum. n.º 209; *AHPCR*, Sección Justicia, Caja 714, Sum. n.º 209 y *AHPCR*, Sección Justicia, Caja 714, Sum. n.º 222. Moral de Calatrava: *El Pueblo Manchego*, n.º 8401, 5 de julio de 1935. Puertollano: *AAPCR*, Libro de Sentencias de 1934, Sentencia n.º 478, Sum. n.º 219; *AAPCR*, Libro de Sentencias de 1934, Sentencia n.º 488, Sum. n.º 213; *AAPCR*, Libro de Sentencias de 1934, Sentencia n.º 491, Sum. n.º 215; *AAPCR*, Libro de Sentencias de 1934, Sentencia n.º 553, Sum. n.º 212; *AAPCR*, Libro de Sentencias de 1935, Sentencia n.º 46, Sum. n.º 208; *AAPCR*, Libro de Sentencias de 1935, Sentencia n.º 54, Sum. n.º 211; *AHPCR*, Sección Cárcel, Caja 406 555. Valdepeñas: Sucesos previos en *AHPCR*, Sección Justicia. Caja 632. Sum. n.º 215; *AAPCR*, Libro de Sentencias de 1934, Sentencia n.º 427, Sum. n.º 215. La huelga de octubre en *AAPCR*, Libro de Sentencias de 1934, Sentencia n.º 553, Sum. n.º 212. Villanueva de los Infantes: *AAPCR*, Libro de Sentencias de 1935, Sentencia n.º 294, Sum. n.º 82.

83 Del Rey (2008), p. 411.

84 Del Rey (2008), p. 412. Para una visión general de las acciones que se llevaron a cabo tras la "revolución de octubre" en la provincia, ver Del Rey (2008), pp. 409 y ss.

85 *Gaceta de Madrid*, n.º 280, 7-10-1934, p. 194.

86 *El Pueblo Manchego*, n.º 7915, 13 de octubre de 1934 y *El Pueblo Manchego*, n.º 7917, 15 de octubre de 1934.

87 La prensa de octubre y noviembre detalla la mayoría de los cierres. Al menos consta la clausura efectiva de 34 y no es exagerado pensar que se llegó a la cuarentena como indican Fernández-Pacheco y Mora –Fernández-Pacheca y Mora, (2008), p. 281–. Por poner algunos ejemplos Ciudad Real y Puertollano (*El Pueblo Manchego*, n.º 7910, 6 de octubre de 1934), Daimiel (*El Pueblo Manchego*, n.º 7912, 9 de octubre 1934); La Solana (*El Pueblo Manchego*, n.º 7913, 10 de octubre 1934), Agudo, Santa Cruz de Mudela (*El Pueblo Manchego*, n.º 7918, 16 de octubre de 1934), Pedro Muñoz, Campo de Criptana (*El Pueblo Manchego*, n.º 7919, 17 de octubre de 1934); Valdepeñas, Horcajo de los Montes, Navas de Estena, Anchuras, Retuerta del Bullaque, Alcolea de Calatrava (*El Pueblo Manchego*, n.º 7919, 17 de octubre de 1934); Navalpino, Fontanarejo y Brazatortas (*El Pueblo Manchego*, n.º 7921, 19 de octubre de 1934); Moral de Calatrava (*El Pueblo Manchego*, n.º 7940, 12 de noviembre de 1934).

88 *AAPCR*, Libro de Sentencias de 1934, Sentencia n.º 54, Sum. n.º 211; *El Pueblo Manchego*, n.º 7914, 11 de octubre de 1934. Cierre en Membrilla de la Asociación de Trabajadores de la Tierra, que pertenecía a la Federación Anarquista Ibérica: *El Pueblo Manchego*, n.º 7938, 9 de noviembre de 1934.

89 Gil (2006), p. 255 y ss. En la provincia, la candidatura antisocialista (Acción Popular Agraria Manchega / CEDA, Partido Republicano Conservador y representantes de la Patronal) consiguieron, con aproximadamente 562 000 votos, cinco escaños, mientras que la candidatura socialista, con más de 425 000 votos, solo consiguió uno, ver Sancho (1989), pp. 208 y ss.

90 *El Pueblo Manchego*, n.º 7910, 6 de octubre de 1934. También empezaron a producirse tal cantidad de denuncias anónimas para desarrollar las investigaciones, que el día 20 el gobernador avisó de que no serían tenidas en cuenta, a no ser que se realizaran de manera presencial, *El Pueblo Manchego*, n.º 7922, 20 de octubre de 1934.

91 Del Rey (2008), pp. 415 y ss.

92 *El Pueblo Manchego*, n.º 7918, 16 de octubre de 1934

93 *El Pueblo Manchego*, n.º 7911, 8 de octubre de 1934.

94 En Almadén, por ejemplo, el día 13, *El Pueblo Manchego*, n.º 7915, 13 de octubre de 1934.

95 De los numerosísimos ejemplos de que disponemos en la prensa de aquellos días, sirvan como ejemplo las suscripciones de donativos realizadas en el Gobierno Civil y que, antes de que finalizara el año, se recogieron habitualmente en el periódico: *El Pueblo Manchego*, n.º 7924, 23 de octubre de 1934; *El Pueblo Manchego*, n.º 7926, 25 de octubre de 1934; *El Pueblo Manchego*, n.º 7929, 29 de octubre de 1934; *El Pueblo Manchego*, n.º 7931, 31 de octubre de 1934; *El Pueblo Manchego*, n.º 7932, 1 de noviembre de 1934; *El Pueblo Manchego*, n.º 7934, 5 de noviembre de 1934; *El Pueblo Manchego*, n.º 7935, 6 de noviembre de 1934; *El Pueblo Manchego*, n.º 7938, 9 de noviembre de 1934; *El Pueblo Manchego*, n.º 7939, 10 de noviembre de 1934; *El Pueblo Manchego*, n.º 7941, 13 de noviembre de 1934; *El Pueblo Manchego*, n.º 7943, 15 de noviembre de 1934; *El Pueblo Manchego*, n.º 7944, 16 de noviembre de 1934; *El Pueblo Manchego*, n.º 7947, 21 de noviembre de 1934; *El Pueblo Manchego*, n.º 7948, 22 de noviembre de 1934; *El Pueblo Manchego*, n.º 7958, 4 de diciembre de 1934; *El Pueblo Manchego*, n.º 7961, 7 de diciembre de 1934; *El Pueblo Manchego*, n.º 7967, 15 de diciembre de 1934 y *El Pueblo Manchego*, n.º 7977, 28 de diciembre de 1934. El diario católico ciudadrealeño insertó en sus páginas un artículo publicado originalmente en el diario conservador Informaciones, titulado "A ver... ¡ese que se hace el loco!" en el que se exigía que, aquellos que podían, realizaran donaciones importantes porque "... no es filantropía, no es generosidad, ni es siquiera caridad lo que se pide. Es pago obligado, retribución justa... de una deuda contraída..." *El Pueblo Manchego*, n.º 7930, 30 de octubre de 1934. A partir de ese momento, los donativos se dispararon y el 28 de diciembre la suscripción alcanzó casi las 30 000 pesetas, concretamente 29 076,15 pesetas, *El Pueblo Manchego*, n.º 7977, 28 de diciembre de 1934.

96 Celebró los funerales por las víctimas de la revolución, organizado por las JA-PAM y celebrado en la catedral de Ciudad Real, el 27 de octubre. A la ceremonia acudieron los más altos representantes del Ejército, la Guardia Civil, la Guardia de Asalto, los Carabineros y la Policía Municipal, diputados, gobernador civil, alcalde, concejales, representantes de los partidos políticos y un buen número de propietarios y miembros de la alta burguesía, *El Pueblo Manchego*, n.º 7928, 27 de octubre de 1934. En Daimiel, por ejemplo, participó en la bendición de banderas de las Juventudes Católicas y de la Alianza Femenina el 21 de octubre. Le acompañó el presidente nacional de Acción Católica, Ángel Herrera, y en su discurso dijo, refiriéndose a los recientes sucesos, que "... los ejecutores de cualquier clase de crímenes son hombres a los que de niños se les arrancó los principios de la moral cristiana inculcándoseles, en cambio, el odio a sus hermanos que no profesen sus disolventes doctrinas...", *El Pueblo Manchego*, n.º 7923, 22 de octubre de 1934. A un acto parecido acudió a Almagro el día 28, *El Pueblo Manchego*, n.º 7930, 30 de octubre de 1934.

97 Esta dependencia de la política local respecto a la política estatal ha sido ampliamente constatada. En Ciudad Real capital, el gobernador civil Alejandro Pérez Moya, a petición de su compañero del Partido Radical, Francisco Morayta Martínez, diputado a Cortes por la provincia, cubrió las vacantes existentes en el ayuntamiento y provocó así el cese del socialista José Maestro San José como alcalde de la localidad, *El Pueblo Manchego*, n.º 7818b, 24 de julio de 1934 y *AHMCR*, Actas Municipales, Libro 1934 b. Sesión Extraordinaria, 27 de julio de 1934.

98 Esta es la relación de municipios en que se destituyeron concejales: La Solana, *El Pueblo Manchego*, n.º 7915, 13 de octubre de 1934 y *El Pueblo Manchego*, n.º 7921, 19 de octubre de 1934; Manzanares, *El Pueblo Manchego*, n.º 7917, 15 de octubre de 1934, *El Pueblo Manchego*, n.º 7920, 18 de octubre de 1934, *El Pueblo Manchego*, n.º 7925, 24 de octubre de 1934, *El Pueblo Manchego*, n.º 7958, 4 de diciembre de 1934; Santa Cruz de Mudela, *El Pueblo Manchego*, n.º 7918, 16 de octubre de 1934; Alcolea de Calatrava, Fuente el Fresno, Agudo, Porzuna, *El Pueblo Manchego*, n.º 7923, 22 de octubre de 1934; Almadén, Luciana, *El Pueblo Manchego*, n.º 7924, 23 de octubre de 1934; Calzada de Calatrava, *El Pueblo Manchego*, n.º 7926, 25 de octubre de 1934, San Lorenzo de Calatrava, *El Pueblo Manchego*, n.º 7927, 26 de octubre de 1934; Cabezarrubias del Puerto, Corral de Calatrava, *El Pueblo Manchego*, n.º 7928, 27 de octubre de 1934; Alcolea de Calatrava, Anchuras, Los Cortijos, Retuerta del Bullaque, *El Pueblo Manchego*, n.º 7929, 29 de octubre de 1934; Bolaños de Calatrava, *El Pueblo Manchego*, n.º 7930, 30 de octubre de 1934; Puerto Lápice, Terrinches, *El Pueblo Manchego*, n.º 7931, 31 de octubre de 1934; Daimiel, *El Pueblo Manchego*, n.º 7932, 1 de noviembre de 1934; Villar del Pozo, *El Pueblo Manchego*, n.º 7935, 6 de noviembre de 1934; Valdepeñas, *El Pueblo Manchego*, n.º 7941, 13 de noviembre de 1934, *El Pueblo Manchego*, n.º 7942, 14 de noviembre de 1934; Puertollano, *El Pueblo Manchego*, n.º 7945, 19 de noviembre de 1934, *El Pueblo Manchego*, n.º 7963, 11 de diciembre de 1934, *El Pueblo Manchego*, n.º 7964, 12 de diciembre de 1934, *El Pueblo Manchego*, n.º 7965, 13 de diciembre de 1934; Tomelloso, *El Pueblo Manchego*, n.º 7945,

19 de noviembre de 1934; Villarta de San Juan, *El Pueblo Manchego*, n.º 7945, 19 de noviembre de 1934 y *El Pueblo Manchego*, n.º 7964, 12 de diciembre de 1934; Alcázar de San Juan, *El Pueblo Manchego*, n.º 7951, 26 de noviembre de 1934; Alcubillas, Puebla del Príncipe, *El Pueblo Manchego*, n.º 7961, 7 de diciembre de 1934; Socuéllamos, *El Pueblo Manchego*, n.º 7962, 10 de diciembre de 1934; Granátula de Calatrava, *El Pueblo Manchego*, n.º 7964, 12 de diciembre de 1934; Navalpino, Cabezarados, *El Pueblo Manchego*, n.º 7966, 14 de diciembre de 1934; Las Labores, *El Pueblo Manchego*, n.º 7969, 18 de diciembre de 1934. El nombramiento de nuevos consistorios hizo que, en muchas localidades, los plenos municipales aprobaran cambiar el nombre de determinadas calles. En Ciudad Real, por ejemplo, la calle que se había dedicado a José Maestro San José volvió a su antigua denominación de Alarcos, *El Pueblo Manchego*, n.º 7904, 18 de enero de 1935. Como señalamos también, fueron destituidos de su puestos de trabajo algunas personas, por poner algunos ejemplos: Fernando Piñuela fue cesado como director de la Escuela Normal, *El Pueblo Manchego*, n.º 7953, 28 de noviembre de 1934; se rumoreó que Arturo Gómez-Lobo sería obligado a abandonar la secretaría de la Cámara Urbana, *El Pueblo Manchego*, n.º 7911, 8 de octubre de 1934; fueron suspendidos en sus puestos varios funcionarios del Ayuntamiento de Ciudad Real (Mariano Bartolomé Carrasco, *El Pueblo Manchego*, n.º 7914, 11 de octubre de 1934; Felipe Terol Lois y Antonio Fernández *El Pueblo Manchego*, n.º 7920, 18 de octubre de 1934) o los guardias municipales de La Solana (*El Pueblo Manchego*, n.º 7923, 22 de octubre de 1934).

99 Así lo decidió el coronel Salafranca, que decía en la prensa "... he querido que mis soldados, estimándose hermanos de los guardias civiles, se fundan con ellos en esos actos de intimidad de sentimientos que representan la velación del cadáver y la conducción de su caja, como se funden en esa misma confraternidad en el sacrificio de sus vidas y en el cumplimiento de sus deberes...", *El Pueblo Manchego*, n.º 7927, 26 de octubre de 1934.

100 *El Pueblo Manchego*, n.º 7926, 25 de octubre de 1934 y *El Pueblo Manchego*, n.º 7927, 26 de octubre de 1934. *El Pueblo Manchego*, n.º 7928, 27 de octubre de 1934.

101 *AAPCR*, Libro de Sentencias de 1934, Sentencia n.º 61, Sum. n.º 210 y *AAPCR*, Libro de Sentencias de 1935, Sentencia n.º 98, Sum. n.º 7.

102 *El Pueblo Manchego*, n.º 7962, 28 de marzo de 1935.

103 *El Pueblo Manchego*, n.º 8118, 5 de octubre de 1935.

104 *El Pueblo Manchego*, n.º 8131, 21 de octubre de 1935; *El Pueblo Manchego*, n.º 8132, 22 de octubre de 1935.

105 *Vida Manchega*, n.º 29, 25 de octubre de 1935.

106 Datos pormenorizados de la política nacional de estos meses se pueden consultar, entre otros, en López Villaverde (2017), pp. 53 y ss. o en Gil (2006), pp. 282 y ss.

107 *El Pueblo Manchego*, n.º 8197, 9 de enero de 1936. Esa misma noche fue detenido por la Guardia Civil, mientras intentaba realizar nuevas pintadas, Mariano

Bartolomé Carrasco –el Duende Rojo–, miembro de las Juventudes Socialistas; *El Pueblo Manchego*, n.º 8198, 10 de enero de 1936.

108 *El Pueblo Manchego*, n.º 8198, 10 de enero de 1936.

ASUNTO STRAPERLO

Los empresarios Strauss y Perlowitz idearon una ruleta de trece números para apuestas, que denominaron Straperlo (Stra+uss, Perlo+witz = Straperlo), que permitía, teóricamente, deducir dónde se pararía la bola mediante sencillas operaciones matemáticas. No se trataba, por tanto, de un juego de azar prohibido por la legislación española y el único problema para su funcionamiento era convencer de esto a las autoridades. En realidad, la ruleta se podía parar mediante un dispositivo oculto cuando lo deseaba el crupier y podía generar una enorme cantidad de dinero para la banca, por lo que los dueños de la patente sobornaron a los políticos del Partido Radical en el poder, para conseguir instalarla y, en 1934, obtuvieron autorización para hacerlo en el Casino de San Sebastián y en el Hotel Formentor de Mallorca. Cuando se demostró que el dispositivo estaba amañado, se revocaron las licencias y fue entonces cuando Strauss, que había gastado grandes sumas que aún no había recuperado, en comprar voluntades, denunció a los personajes públicos implicados. Estalló así un gran escándalo político que, tras el análisis de una comisión parlamentaria, concluyó el 28 de octubre de 1935 con una votación en las Cortes que señaló a todos los implicados como culpables.

ASUNTO NOMBELA

Justo unos días después, en noviembre de 1935, el Inspector General de Colonias, Antonio Nombela Tomasich, acusó a varios dirigentes del Partido Radical de intervenir activamente para que se concediera una indemnización fraudulenta a la Compañía del África Occidental, propiedad de un empresario catalán al que Alejandro Lerroux, presidente de los radicales, debía diversos favores. El gobierno cesó entonces a Nombela, pero este no se amilanó y llevó el asunto a las Cortes. La prensa intervino y el Partido Radical perdió toda su credibilidad.

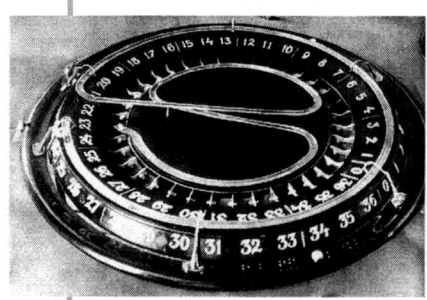

La ruleta Straperlo

Antonio Nombela Tomasich

99

Audiencia provincial.
Fotografía: Esteban Salas Abad, Centro de Estudios de Castilla-La Mancha

4 "OCTUBRE DE 1934" Y REPRESIÓN: EL EJEMPLO DE LA CAPITAL

Hemos comentado cómo se diseñó el plan de acción por los responsables de la huelga revolucionaria de octubre de 1934 en la localidad más importante de la provincia e incidimos en que su puesta en práctica fue una chapuza que constituyó un auténtico fracaso. Sin embargo, la capital no estaba acostumbrada a que en su término se produjeran hechos graves y, sin duda, la noticia de la explosión en el Puente de Hierro en la madrugada del sábado día 6 y la actuación de las fuerzas de orden público contra los piquetes crearon una intensa alarma. A primeras horas de esa misma mañana, el gobernador clausuró la Casa del Pueblo y la policía inició sus indagaciones y detuvo a veintiuna personas en dos redadas que respondieron más a la arbitrariedad que a cualquier indicio. Aunque había entre los arrestados algún histórico izquierdista, como el maestro Moisés Sainz Gutiérrez, la mayoría de ellos tenían poco más de veinte años y eran, principalmente, miembros de las Juventudes Socialistas: Epifanio Rolando Herrera, Alfonso León Martínez García, Cástulo Carrasco Martínez, Rafael Aceña Torres, Victoriano Romero Romero, Anselmo García Ruiz, Miguel Espadas García, Gregorio Quílez de la Cruz, Ignacio Campos Cepeda, Jacinto Muñoz Delgado, José Gascón Rodríguez, Alfredo Galiana Quintanilla, Francisco Palomares González, Emilio Gómez Díaz, Juan de la Flor Burgos, José Navarro Melero, Ramón Lillo Suárez, Francisco Adámez Ortiz, Manuel Domínguez Luque, Octavio Carrasco Martínez y Basilio Maestro San José [109]. Que en aquellos momentos todo el mundo se encontraba en estado de alerta, lo demuestra el hecho de que, la madrugada del domingo, un guarda rural, creyendo que se trataba de delincuentes, disparó su escopeta sobre dos guardias civiles que vigilaban el puente donde había explotado el artefacto la noche anterior. La tensión era tan patente que, en un pleno municipal, el concejal Críspulo Morales pidió "... que los guardias urbanos usen las armas aun en horas que no estén de servicio..." [110].

Los detenidos fueron sometidos a durísimos interrogatorios, pero no sabían nada concreto acerca de lo que la policía les preguntaba y los responsables de la investigación, sobrepasados por la enorme cantidad de denuncias anónimas que recibía el gobernador y que, una vez investigadas, quedaban en nada [111], no eran capaces de averiguar quiénes eran los verdaderos inductores y autores de los hechos.

En el cuadro de la página siguiente aparecen los responsables de los sucesos de octubre y algunos que, a pesar de no tener nada que ver, se vieron inmersos en los procesos judiciales que se incoaron, pero encontrarlos no fue una cuestión sencilla para la policía. Ante la falta de pruebas, el gobernador se vio obligado, el 12 de octubre, a poner en libertad a todos los que hasta entonces habían sido detenidos y los agentes de investigación y vigilancia quedaron sumidos en la incomodidad de no poder exponer a sus superiores una pista clara por donde continuar sus indagaciones.

Sin embargo, al día siguiente, se produjo un giro total en las pesquisas policiales gracias al soplo de un confidente y a la denuncia de un concejal. La misma jornada en la que fueron liberados los presos, festividad de la virgen del Pilar, Julián Chico Carretero, uno de los implicados en la trama revolucionaria, estuvo por separado con José Expósito Morales –el Mellao– y con Críspulo Morales Pavón, edil en el ayuntamiento ciudadrealeño. El primero, que era un albañil infiltrado en el marxismo y al servicio de la policía [112], sonsacó a Chico Carretero, desde la amistad, cuanta información pudo. El segundo, que tenía por su cargo algunos indicios de lo ocurrido, contrastó lo que él sabía con algunas informaciones que le dio Julián. Ambos acudieron inmediatamente a las autoridades [113] que, basándose en sus informaciones, detuvieron el día 13, primero a Chico Carretero y, luego, mediante varios dispositivos policiales simultáneos perfectamente organizados, a muchos de los dirigentes socialistas de la ciudad implicados en la organización del movimiento revolucionario (Fernando Piñuela, Antonio Cano Murillo, Carlos García Benito, Benigno Cardeñoso), a los integrantes de la célula que actuó en el puente sobre el Guadiana (Clodoaldo Barrios, Octavio Carrasco, Vicente Fernández-Gigante y Daniel Sánchez Vizcaíno) y a todos aquellos que habían tenido que

ACUSADOS Y SU RESPONSABILIDAD
EN LOS SUCESOS DE OCTUBRE DE 1934

Nombre	Partido	Edad	Responsabilidad real
Aceña Torres, Rafael	JS	23	Piquete armado
Barrios Roca, Clodoaldo	PS	22	Colocación de bombas
Cano Murillo, Antonio	PS	32	Comité; receptor de explosivos y armas
Cardeñoso Negretti, Benigno	PS	39	Comité
Carrasco Martínez, Cástulo	PS	24	Comité
Carrasco Martínez, Octavio	PS	21	Colocación de bombas
Cepeda G.ª, Bonifacio Ángel	PC	23	Piquete armado
Chico Carretero, Julián	PC	31	Piquete armado
Estévez Lázaro, José Aúreo	PS	28	Ninguna
Fdez.-Calvillo Gigante, Vicente	PS	20	Colocación de bombas
García Benito, Carlos	PS	35	Comité; receptor de municiones
Lapeira la Cruz, Ceferino	JS	20	Traslado de dinamita y piquete armado
Martínez Bravo, Tomás	PS	33	Ninguna
Pintor Marín, Buenaventura	PS	36	Coordinación con la provincia
Pintor Marín, Calixto	PS	32	Colaborador directo con el Comité
Piñuela Romero, Fernando	PS	37	Ninguna
Romero Sánchez-Herrera, César	PS	33	Coordinación con la provincia
Sánchez Vizcaíno, Daniel	PC	21	Colocación de bombas
Sánchez-Ballesteros Ruiz, Crescencio	PC	39	Piquete armado
Terol Lois, Felipe	PS	39	Fabricación de bombas
Zamorano G.ª-Miguel, Agustín	JS	41	Ocultación de dinamita

JS.- Juventudes Socialistas. PS.- Partido Socialista. PC.- Partido Comunista

ver con los explosivos o las armas. La policía acudió ese día también al solar que sirvió de lugar de reunión para el comando, donde encontró algunas municiones, y al taller del Ayuntamiento, instalación en la que, en un bidón, hallaron las otras dos bombas que había fabricado Felipe Terol, que fue detenido allí mismo. A Octavio Carrasco se le requisaron cuarenta cartuchos de dinamita, detonadores, un bulto de mecha, cuatro kilos de ácido sulfúrico, un revolver y una pistola[114].

Hasta el día 14, en que ingresaron en la Prisión Provincial y quedaron en situación de incomunicados, los retuvieron en la Comisaría de Investigación y Vigilancia y fueron sometidos a durísimos interrogatorios, que incluyeron la violencia física, y les obligaron a firmar por la fuerza, como después quedó evidenciado en los juicios, declaraciones incriminatorias[115].

La autoridad castrense decidió que, para facilitar las investigaciones y que nadie pudiera huir, todos los automóviles tuvieran un límite de velocidad de diez kilómetros hora, militarizó la policía municipal bajo el mando del alférez Santos Sigmaringa Moreno[116] y nombró un juez militar, el capitán de infantería Ricardo Escribano Aguado, para que, rápidamente, se hiciera cargo de la instrucción de los sumarios[117].

En esos momentos aún no había sido detenido un socialista de mucho prestigio en la ciudad, el exalcalde José Maestro San José, porque, aunque había cursada una orden de detención contra él desde el día 13, no se encontraba en Ciudad Real. Maestro regresó de Madrid el día 17 y, de inmediato, se presentó voluntariamente ante Escribano. Este, tras un primer interrogatorio, lo envió a la Prisión Provincial, donde ingresó a las nueve y media de la noche, pero fue puesto en libertad al día siguiente junto a Carlos García Benito, pues, aunque estaba claro que conocía la conspiración, no existía ninguna prueba directa contra él[118].

Mientras el juez aclaraba los hechos, los implicados permanecían incomunicados en la cárcel y en unas condiciones psicológicas muy duras, ya que en los interrogatorios se les presionaba sin tener en cuenta sus derechos. Escribano fue atando cabos al tiempo que la situación se tranquilizaba en la ciudad[119] y el 17 y el 20 de noviembre fueron detenidos, respectivamente, César Romero y Buenaventura Pintor, que eran los últimos de la trama que quedaban en libertad[120].

Los presos aguantaron los interrogatorios y su solidaridad hizo que no se delataran. Por eso, el capitán instructor, aunque consiguió delimitar con precisión los hechos, no supo cómo funcionó el comité revolucionario de la capital ni tampoco cómo se puso en contacto con el Comité Central de Madrid. Como era público que el diputado Carlos Hernández Zancajo había participado activamente en el movimiento general y había estado en la ciudad el 19 de mayo para dar un mitin en Manzanares, pensó que él había sido el inductor de lo ocurrido en

Ciudad Real y llegó a pedir un suplicatorio a las Cortes para poder juzgarlo en la capital[121].

Carlos Hernández Zancajo

Nunca consiguió delimitar ni el papel de la diputada Matilde de la Torre ni la organización del Comité Revolucionario de Ciudad Real y, por eso, nunca acusó de ello ni a Carlos García Benito ni a Cástulo Carrasco Martínez. Para dificultar aún más el total esclarecimiento de lo sucedido, en cuanto terminó la incomunicación, los encausados trazaron un plan común para su defensa de la mano de Piñuela, abogado de reconocido prestigio, lo que provocó que Escribano le trasladara a la prisión de Piedrabuena aduciendo que

> ... si loable es que el señor Piñuela emplee sus conocimientos jurídicos y forenses en informar a sus compañeros de prisión es censurable que estos procedimientos se utilicen en el entorpecimiento de la acción judicial...[122].

Fue en esos meses cuando Cardeñoso, en nombre de todos sus compañeros, se puso en contacto con Ramón González Peña, el diputado socialista que fue condenado a muerte por su participación en lo sucedido en Asturias durante la huelga revolucionaria, que estaba encarcelado en Oviedo, para interesarse por su situación.

Ramón González Peña

Ramón se carteó desde entonces con los presos ciudadrealeños, que leían sus misivas en grupo, en voz alta. Cuando el 7 de junio de 1935 aparecieron dos de estas cartas en la oficina de un impresor de Huelva, que preparaba un libro sobre González Peña, se incoó un proceso en el que se vieron implicados, además del diputado, los miembros del comité local de Ciudad Real: Benigno Cardeñoso, Antonio Cano y Calixto Pintor. Se les acusaba de preparar otra insurrección, porque en una de ellas se hablaba de constituir unos grupos de cuestión previa que:

> ... cuando se vuelva a hacer la revolución, que la haremos, no os quepa duda, estos grupos, una vez hecho lo principal, tomar el poder, lo primero que harán será desahuciar a todos los ocupantes de los edificios públicos, vulgo covachuelistas... luego limpiara el cirujano quitando todo lo gangrenoso... a estos grupos no pueden pertenecer pedantes ni filósofos ni demás sabios... tendrán preferencia para el mando los más brutos... y no olvides la consigna prohibido mirar hacia atrás... [123].

Al final, todas las acusaciones se concretaron en dos juicios [124], que se celebraron en la Audiencia Provincial el 13 de febrero y el 26 de marzo de 1935, en medio de una gran expectación. En el primero se juzgaron, básicamente, los hechos del 6 de octubre y de él se excluyó a Benigno Cardeñoso, porque no estaba clara su participación en el comité revolucionario local. Sus otros dos integrantes, según el instructor, Cano Murillo y Calixto Pintor, fueron condenados a más de veinticinco años. A los cuatro autores materiales de la colocación de las bombas (Clodoaldo Barrios, Octavio Carrasco, Vicente Fernández-Calvillo y Daniel Sánchez Vizcaíno), se les sentenció a casi veinte años[125]. A Agustín Zamorano, que fue el que ocultó la dinamita, se le acusó de tenencia de explosivos y fue condenado a cuatro años. A Felipe Terol, mecánico que fabricó las bombas, se le condenó a diez años, al ser considerado cómplice en el uso de explosivos. Ceferino Lapeira, que trasportó las bombas, fue sentenciado a la misma pena y a dos años más por tenencia ilícita de armas. Curiosamente, quien salió mejor parado en el proceso fue el implicado que dio pie a todas las averiguaciones policiales, Julián Chico, que tan solo fue penado con dos años por tenencia ilícita de armas[126].

En el segundo juicio, se juzgó a aquellos a los que el comité había encargado llevar las noticias de la huelga a otras poblaciones (Buenaventura Pintor y César Romero) y fueron condenados por un delito contra la forma de gobierno a más de dos años de cárcel. A Cardeñoso, que se le acusó de lo mismo, se le elevó la pena a los ocho años, porque se consideró que tenía un protagonismo especial en la organización provincial. En el mismo juicio, se procesó a Cástulo Carrasco, al que se le condenó por tenencia de explosivos a cuatro años, y a Crescencio Sánchez y a Bonifacio Cepeda, que fueron penados con cuatro meses por tenencia ilícita de armas[127]. El fiscal también acusó de depósito de armas a Calixto Pintor y Antonio Cano, pero no lo pudo probar y fueron absueltos. Ambos, junto a Piñuela y otros, fueron también absueltos de la acusación de reunión ilegal con Hernández Zancajo, hecho que nunca se llegó a producir[128].

Tras las sentencias, en las semanas siguientes, los condenados en los juicios fueron dispersados[129]. El 26 de abril salieron para extinguir condena a la prisión de Cartagena los principales implicados, que poco después fueron trasladados a la de El Puerto de Santa María. Por su parte, Cardeñoso y Buenaventura Pintor fueron enviados a Alicante el 5 de julio y Julián Chico fue llevado al penal de Chinchilla. Por cuestiones médicas, Zamorano fue mandado en mayo al Hospital Asilo Penitenciario de Segovia; por el mismo motivo, César Romero

AÑOS DE CONDENA DE CADA UNO DE LOS IMPLICADOS

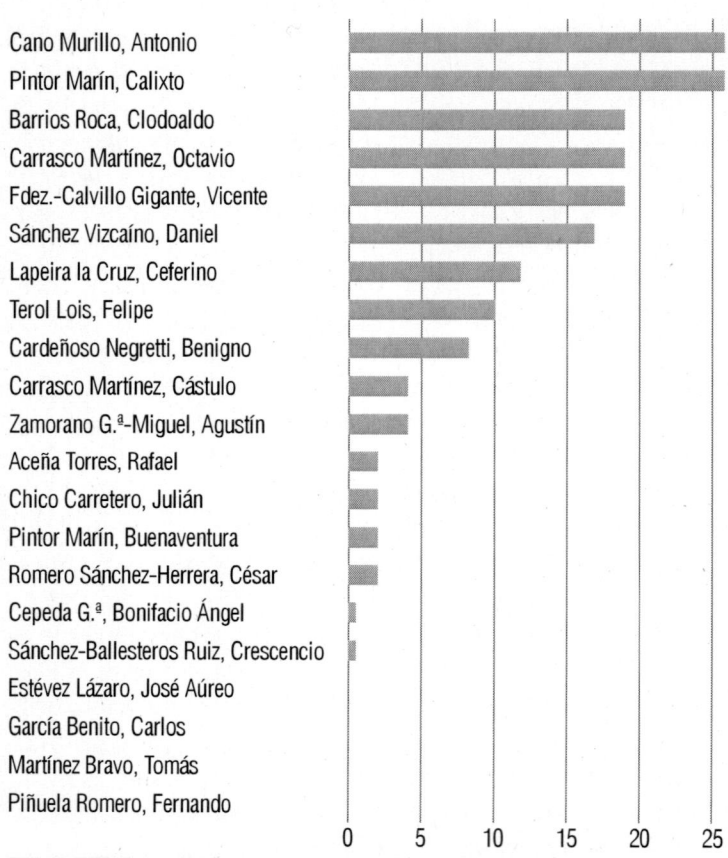

	0	5	10	15	20	25
Cano Murillo, Antonio						
Pintor Marín, Calixto						
Barrios Roca, Clodoaldo						
Carrasco Martínez, Octavio						
Fdez.-Calvillo Gigante, Vicente						
Sánchez Vizcaíno, Daniel						
Lapeira la Cruz, Ceferino						
Terol Lois, Felipe						
Cardeñoso Negretti, Benigno						
Carrasco Martínez, Cástulo						
Zamorano G.ª-Miguel, Agustín						
Aceña Torres, Rafael						
Chico Carretero, Julián						
Pintor Marín, Buenaventura						
Romero Sánchez-Herrera, César						
Cepeda G.ª, Bonifacio Ángel						
Sánchez-Ballesteros Ruiz, Crescencio						
Estévez Lázaro, José Áureo						
García Benito, Carlos						
Martínez Bravo, Tomás						
Piñuela Romero, Fernando						

se quedó en Ciudad Real y consiguió que el Tribunal Supremo redujera su condena en un año, por lo que salió en libertad el 27 de diciembre de 1935.

El fracaso de la revolución de octubre y la represión que provocó alimentó desde ese momento de distinta forma la soberbia de los dirigentes. Por un lado, los de la derecha se marcaron a fuego dos ideas: que la mejor manera de frenar la revolución era hacerlo desde dentro, mediante un "vaciado legal" de la democracia que condujera al antiparlamentarismo y al autoritarismo; y que había que apoyarse en el ejército, que había revalorizado su papel como legitimador del orden, precisamente como consecuencia de aquellos sucesos. Por otro, los de la izquierda, consecuentes con el ideario que la Alianza Obrera había desarrollado desde hacía meses, asimilaron que, si no renunciaban a sus rencillas personales y actuaban unidos, perderían todo el protagonismo en un sistema político que consideraban su auténtico y exclusivo patrimonio.

Por eso, desde que se convocaron las elecciones de febrero de 1936, los dirigentes de las dos tendencias, henchidos de soberbia, del deseo de aplastar a sus rivales, dieron órdenes para que se movilizaran sus correligionarios más politizados, jóvenes de la izquierda, principalmente socialistas, aunque también comunistas; y por parte de la derecha, de las JAP, los Requetés y la Falange, que inmediatamente empezaron a colocar pasquines y a realizar pintadas, enfrentándose en la calle, en los mítines y en la prensa, para conseguir movilizar a una ciudadanía que, en general, en una localidad como Ciudad Real, solo quería vivir en la monotonía de un lugar donde nunca pasaba nada violento reseñable.

A nivel nacional, incluso para la más reciente bibliografía [130], la victoria del Frente Popular fue incuestionable, aunque la diferencia de votos con respecto a la derecha fuera escasa y esta se viera muy favorecida en el reparto de escaños gracias a la ley electoral. Sin embargo, en la provincia de Ciudad Real ocurrió todo lo contrario y la lista conservadora consiguió colocar los ocho candidatos de las mayorías en el Congreso, mientras que el Frente Popular tan solo logró los dos candidatos de las minorías [131]. En la capital, ganó las elecciones la coalición republicano-izquierdista y José Maestro, el exalcalde de Ciudad Real, fue el candidato más votado, seguido por el prestigioso abogado de Izquierda Republicana, Arturo Gómez Lobo [132].

El triunfo en las elecciones de febrero se concretó, dos días después, en la amnistía para todos los presos políticos, represaliados como consecuencia de los sucesos de octubre de 1934. Felipe Terol, Octavio Carrasco y Clodoaldo Barrios –que casualmente estaban en la capital, porque habían venido desde sus destinos penitenciarios para declarar en el juicio que, por excitación a la rebelión, se celebraba contra Ramón González Peña, Benigno Cardeñoso, Antonio Cano y Calixto Pintor– fueron puestos en libertad al día siguiente. En esa misma fecha se cursaron telegramas a Alicante, donde estaba Cardeñoso, y a El Puerto de Santa María, donde estaban Cano Murillo y Calixto Pintor, decretando su liberación. A lo largo del día 23 llegaron a la capital, en medio de una enorme expectación, los presos detenidos en Chinchilla y Cartagena. Había mucha gente esperándolos en la estación, tanto por la mañana como por la tarde, y los acompañaron en manifestación por las calles hasta llegar al ayuntamiento, desde donde pronunciaron algunas palabras. Calixto Pintor llegó días después y, nada más bajar del tren, según algunos testigos, prometió venganza[133].

Desde ese momento, todos los implicados en los sucesos de octubre recuperaron su posición política y laboral y fueron objeto de homenajes especiales[134]; pero, además, el sacrificio personal que vivieron los meses que duró su cautiverio les envolvió en un aura de prestigio personal y credibilidad política, que les colocó, a lo largo de esos meses, en la primera línea de acción. Al mismo tiempo se inició la destitución de funcionarios[135] y de responsables de la represión de Octubre, como Ismael Ríos, máximo representante de los Guardias de Asalto de Ciudad Real[136], o el comisario de Investigación y Vigilancia de Ciudad Real, Clodoaldo Sainz Sánchez, que pasó a situación de disponible forzoso[137]; se volvieron a cambiar los nombres de algunas calles y se reinstalaron placas de homenaje que se habían desmontado[138].

La soberbia de la izquierda les resituó en los mecanismos del poder al ganar democráticamente las elecciones después de intentar en 1934, sin éxito, imponer por la fuerza su idea patrimonial de la República. Desde ese momento, un sentimiento idéntico invadió a la derecha, que, haciendo un recorrido inverso, empezó a conspirar, justificando sus pretensiones de asaltar la legalidad republicana en la necesidad de evitar una inminente revolución. Aunque la primavera de 1936 fue bastante tranquila en la capital, la sublevación del 17 de julio, como en otros muchos lugares, produjo la quiebra de la monotonía y la convivencia en una localidad en la que todo el mundo se conocía de manera personal o a través de las referencias de familiares o amigos.

Tras el golpe de Estado, las autoridades de la ciudad intentaron mantener el territorio bajo control republicano y garantizar la vida de las personas; pero, luego, el Comité de Defensa se radicalizó y, hasta principios de 1937, planificó la represión en pretérito singular, es decir, en función de la biografía y de las acciones concretas que, en el pasado, habían realizado los ciudadanos. A esta represión "personalizada" contribuyó de manera fundamental el conocimiento que proporcionaba la vecindad y, por eso, los individuos que actuaron contra los protagonistas de octubre de 1934 en la capital, perfectamente reconocibles por los que ahora, desde la impunidad, detentaban el poder, se vieron inmersos en el terror, que señaló a las personas de derechas de Ciudad Real.

Ninguno de los implicados en la investigación y en la represión de aquellos hechos se vio libre de una venganza fríamente planificada, en el furor de la ola revolucionaria que los convirtió directamente en "enemigos del pueblo", en indeseables para el nuevo orden. Los delatores, los miembros de las fuerzas de seguridad que participaron en la investigación y en las detenciones, los carceleros, los testigos de la acusación en los juicios y los jueces fueron detenidos a lo largo de aquellos meses. Tan solo dos de ellos, un policía –José Sánchez-Vizcaíno Holgado– y un testigo –Juan Tolosa Espallargas–, consiguieron sobrevivir. José Sánchez-Vizcaíno, que había participado activamente en la detención y en los duros interrogatorios a los que fueron sometidos algunos de los imputados en el asunto, consiguió pasar desapercibido hasta que, a finales de octubre, fue detenido. Tuvo la suerte de que fue puesto en libertad casi de inmediato, lo que le permitió esconderse durante el resto de la guerra y salvar la vida[139]. Juan Tolosa fue detenido el 18 de septiembre por orden del Comité de Defensa, como su compañero en el Servicio de Telégrafos –José María Escobar Cuevas–, y, tras permanecer tres días en la checa del Seminario, ingresó con él en la Prisión Provincial, donde continuaron hasta que los dos fueron puestos en libertad el 16 de octubre. El día 21, el Comité de Defensa decidió realizar una redada para detener a un grupo de derechistas en el que ambos estaban incluidos, pero no consiguieron localizar a Tolosa. Escobar no tendría tanta suerte[140].

El primero en ser arrestado fue el agente del Cuerpo de Investigación y Vigilancia Gregorio Daimiel Sánchez. Contra él y contra Sánchez Vizcaíno existía una auténtica fijación, por los malos tratos que habían infligido a los detenidos de la capital en el transcurso de las investigaciones por la huelga revolucionaria de octubre de 1934. De hecho, nada más producirse la victoria del Frente Popular en las elecciones de febrero de 1936, durante la primera reunión que se celebró en la Casa del Pueblo, el Partido Socialista aprobó solicitar del ministro el traslado de los dos policías, pero la oposición del exalcalde y diputado José Maestro paralizó, finalmente, la petición[141].

Cuando el 10 de agosto Gregorio, cumpliendo la misión que se le había encomendado, daba protección al fiscal de la Audiencia en

Andenes de la estación de ferrocarril de Ciudad Real donde se detuvo a Gregorio Daimiel

la estación de ferrocarril, fue detenido por un grupo de milicianos y conducido a la checa del Seminario.

Sus compañeros policías, conscientes del peligro que corría si permanecía allí, fueron a buscarlo y consiguieron permiso para trasladarlo a comisaría [142], donde pudieron protegerlo algo más de dos meses; pero, el 23 de octubre, a pesar de que desde Investigación y Vigilancia intentaron por todos los medios que no fuera así, se le trasladó finalmente a la Prisión Provincial.

Tres semanas después, el 17 de diciembre, sería asesinado [143]. Su ejecutor material fue Octavio Carrasco y la descripción del hecho, recogida a partir de su testimonio en el proceso sumarísimo, no deja lugar a dudas de las razones por las que el Comité de Defensa decidió su ejecución:

... cuando el dicente se dirigía a su casa encontró en la calle de La Mata a Jesús Alcázar quien le manifestó que venía de buscarle porque aquella noche iban a matar al agente de investigación y vigilancia Sr. Daimiel y el Alcázar le invitó que siendo él agraviado de dicho agente debía intervenir en su ejecución y que para tales efectos se pasara aquella noche sobre las diez o diez y media por el Comité de Refugiados, que hizo rápidas reflexiones sobre la proposición el dicente, pero que, estimando que el hecho había de consumarse igual y a él pudieran tildarlo de cobarde optó por asistir... y el dicente mató al agente Sr. Daimiel disparándole primero un tiro en el pecho y después otro de gracia en la cabeza, quedándose convencido de que quedó totalmente cadáver hasta el extremo que supone que del primer tiro que le dio en el pecho perdió la vida...[144].

También fue avisado Felipe Terol, según declaró su esposa, Camila Solís:

...al que verdaderamente quería matar mi marido era al agente de investigación Daimiel, a ese sí que quería matarle, y la noche que lo mataron fueron a llamarlo cuando ya estaba acostado diciéndole "ya tienes preparado el tuyo", mi marido se vistió y se fue, pero no debió matarle porque al día siguiente iba yo con mi marido y nos encontramos en la calle al que lo mató el cual nos dijo "anoche me harté de darle tiros a Daimiel y le dije este por mí y este por Felipe Terol...[145].

Críspulo Morales Pavón, apodado Si lo sé, consiguió sobrevivir poco tiempo. El 18 de agosto fue denunciado por Julián Chico Carretero, por haber colaborado estrechamente con la policía en el esclarecimiento de los hechos del año 1934, e inmediatamente fue detenido y ejecutado[146].

Críspulo Morales Pavón   Ricardo Escribano Aguado

Antes de que acabara el mes también detuvieron al juez militar encargado de instruir los sumarios, el capitán Ricardo Escribano Aguado, que fue juzgado por el Tribunal Especial de la Rebelión Militar, junto a otros derechistas el 25 de septiembre, y ejecutado el 23 de octubre[147].

En septiembre fueron detenidos y asesinados José María Escobar Cuevas, al que ya nos referimos, y el capitán de los guardias de asalto, Ismael Ríos García[148].

Ismael Ríos convaleciente de las heridas que recibió en la guerra de África

El 6 de noviembre fue llevado a la checa de las Dominicas –el Mellao–, José Expósito Bolaños, principal delator de todos los implicados en la fabricación y colocación de las bombas en la vía férrea en octubre de 1934. No es fácil explicar por qué estuvo tanto tiempo sin ser molestado, pero lo cierto es que, cuando los milicianos se presentaron a por él, su suerte estaba echada. Su mujer, Joaquina Nieto Fernández, fue a visitarlo al antiguo convento la noche siguiente a su detención y, cuando se encontró con Buenaventura Pintor, uno de los máximos responsables de la checa, le pidió que tuviera en cuenta que Expósito era padre de cuatro hijos; pero este, sin andarse por las ramas, le contestó "... que su marido fue uno de los que delataron a los que pusieron las bombas en el treinta y cuatro, por lo cual fue condenado un hermano suyo que también tenía hijos...". Fue asesinado esa misma madrugada[149].

Lugar donde fue asesinado José Ramírez Rivero

El funcionario de prisiones, Ignacio Sánchez Cuesta, se había comportado violentamente con Calixto Pintor mientras que este permaneció recluido en la Prisión Provincial. Tras ser detenido, el 15 de diciembre, se le sentenció inmediatamente a muerte y su nombre fue incluido en la nómina de los que debían ser fusilados ese día. Su amigo Francisco Gomila Cabot, miembro de Unión Republicana y policía político, estaba destinado en el Gobierno Civil y tenía acceso a la lista de ejecución, por lo que, cuando comprobó que el nombre de su conocido se había incluido en ella, intentó borrarlo para salvarle así de una muerte segura. Mientras lo hacía, lo descubrió Calixto Pintor, que le dijo "... Sánchez Cuesta me sentó a mí las costuras cuando estuve en la cárcel por los delitos de mil novecientos treinta y cuatro así que se las sienten a él también...", propiciando con su afirmación que esa madrugada fuera asesinado[150]. Al día siguiente, sería ejecutado el jefe de la Policía Municipal, José Ramírez Rivero, atándole una piedra al cuello y arrojándolo al río Guadiana[151].

Ninguno de estos asesinatos tuvo que ver con la política o con la instauración de un nuevo orden social; su única razón de ser fue la venganza que, gracias al ejercicio impune del poder, pudieron desarrollar los que sufrieron la dura represión de las autoridades en 1934.

Ciudad Real fue una localidad que se le arrebató a la República desde dentro, aprovechando el ambiente de desbandada general de los últimos días de marzo de 1939. En la mañana del día 28, con el

REPRESALIADOS POR SU PARTICIPACIÓN EN LA REPRESIÓN DE OCTUBRE DE 1934

Cargo	Nombre	Detención	Libertad	Ejecución
Policía	Gregorio Daimiel Sánchez	10.08.1936		17.12.1936
Delator	Críspulo Morales Pavón	18.08.1936		18.08.1936
Juez Militar	Ricardo Escribano Aguado	29.08.1936		22.10.1936
Telégrafos	José María Escobar Cuevas	21.09.1936		22.10.1936
Telégrafos	Juan Tolosa Espallargas	21.09.1936	16.10.1936	
Jefe Asalto	Ismael Ríos García	24.09.1936		25.09.1936
Policía	José Sánchez Vizcaíno Holgado	26.10.1936	26.10.1936	
Delator	José Expósito Bolaños	06.11.1936		08.11.1936
Carcelero	Ignacio Sánchez Cuesta	15.12.1936		16.12.1936
Jefe Municipal	José Ramírez Rivero	27.12.1936		27.12.1936

ejército franquista a las puertas de la ciudad, "la falange clandestina" se aventuró a salir a la calle y se hizo con el control de los principales centros neurálgicos de la capital. En las jornadas siguientes, en cuanto que los "falangistas" se organizaron mínimamente, se elaboraron listas de personas que, por su protagonismo, sobre todo durante los últimos meses de 1936, debían ser inmediatamente detenidas y, por grupos, junto a la policía y a la Guardia Civil, se intentó localizarlas y encarcelarlas.

La represión que se iba a desarrollar desde ese momento se sustentaría legalmente en el artificio jurídico de la "justicia al revés", que buscaba, desde el resarcimiento, castigar a los "monstruos" responsables del terror rojo acusándoles de rebelión militar, un delito que, desde luego, nunca habían cometido. Como hemos comentado, durante los años de la guerra, los protagonistas de los sucesos de octubre de 1934 alcanzaron una gran representatividad, se convirtieron en miembros de los comités que se fueron formando y llegaron a alcanzar puestos de muchísima responsabilidad política [152]; precisamente, esa representatividad, junto a su pasado "terrorista", fue la que les convirtió en un objetivo prioritario para las autoridades franquistas desde el primer momento.

Antes del inicio de la contienda armada, varios de los implicados por la justicia en los hechos de octubre de 1934 en la capital, como Tomás Martínez Bravo o Fernando Piñuela Romero, habían ya abandonado la ciudad[153], y otros, como Bonifacio Ángel Cepeda García, Ceferino Lapeira La Cruz, y Agustín Zamorano García-Miguel, desaparecieron durante el conflicto sin dejar rastro. A algunos, como Rafael Aceña Torres, Clodoaldo Barrios Roca, Cástulo Carrasco Martínez, Julián Chico Carretero, Vicente Fernández-Calvillo Gigante o César Romero Sánchez-Herrera, sus responsabilidades en esos años les situaron fuera de la localidad aquel marzo de 1939 y otros, como Antonio Cano Murillo, Benigno Cardeñoso Negretti, José Áureo Estévez Lázaro, Buenaventura Pintor Marín y Daniel Sánchez Vizcaíno, en medio del caos y la descoordinación que se vivió en la capital cuando la derrota era inminente, huyeron hacia Alicante para intentar embarcar desde sus muelles hacia el exilio; de manera que, cuando las tropas "nacionales" entraron en la capital, de los implicados "en lo de octubre" únicamente se encontraban en Ciudad Real Crescencio Sánchez-Ballesteros Ruiz de Lerma, encarcelado en la Prisión Provincial por su protagonismo durante el golpe de Casado en la capital, y Octavio Carrasco Martínez, Carlos García Benito, Calixto Pintor Marín y Felipe Terol Lois, que se habían negado a salir de la localidad por cuestiones personales. Finalmente, de los veintiún procesados, juzgados en los tribunales como responsables de los sucesos de octubre de 1934, si descontamos los desaparecidos, los que se habían marchado a otras ciudades y los que consiguieron exiliarse, los tribunales franquistas pudieron juzgar tan solo a once. De ellos, ocho serían ejecutados y tres, aunque fueron condenados a penas de treinta años de prisión, consiguieron salvar su vida.

Stituación	Implicados judicialmente	Detención	Condena	Ejecución
Se les pierde la pista	Bonifacio Ángel Cepeda García			
	Ceferino Lapeira la Cruz			
	Tomás Martínez Bravo			
	Agustín Zamorano G.ª-Miguel			
Están fuera de la ciudad	Rafael Aceña Torres			
	Clodoaldo Barrios Roca	25.08.1939	30 años	
	Cástulo Carrasco Martínez	?	30 años	
	Julián Chico Carretero	23.09.1939	30 años	
	Vicente Fdez.-Calvillo Gigante	11.12.1941	Muerte	26.03.1939
	Fernando Piñuela Romero			
	César Romero Sánchez-Herrera			

Han conseguido huir de la ciudad	Antonio Cano Murillo			
	Benigno Cardeñoso Negretti	30.03.1939	Muerte	17.11.1939
	José Aúreo Estévez Lázaro	30.03.1939	Muerte	17.07.1940
	Buenaventura Pintor Marín			
	Daniel Sánchez Vizcaíno			
Permanecen en la ciudad	Octavio Carrasco Martínez	19.04.1939	Muerte	19.06.1939
	Carlos García Benito	17.04.1939	Muerte	11.09.1939
	Calixto Pintor Marín	23.04.1939	Muerte	24.07.1940
	Felipe Terol Lois	13.04.1939	Muerte	20.05.1939
Está previamente en prisión	Crescencio S.-Ballesteros Ruiz	11.03.1939	Muerte	16.03.1939

░ Implicados que terminaron siendo juzgados por el franquismo

Pero en la vorágine de los primeros momentos, cuando no se sabía dónde estaba cada uno, se empezó a buscar a todos ellos de manera urgente. El 5 de abril, el policía Fernando Trujillo Corchado –amigo de Gregorio Daimiel Sánchez, uno de los agentes que había dirigido los interrogatorios contra los implicados en los hechos de 1934 y que fue asesinado durante el "terror rojo" de 1936–, denunció ante Eduardo Aizpún Andueza –capitán del Cuerpo Jurídico en el recién instaurado juzgado militar de Ciudad Real– a Felipe Terol Lois, por ser el inductor de la muerte de Daimiel. En los días siguientes, prestaron declaración otros policías y algunos testigos, como Evelio Coronado

Felipe Terol, de uniforme durante la guerra

Palop, que acabarían convirtiéndose en auténticos profesionales de la delación [154]. Tras buscarlo afanosamente, dieron con Terol y lo detuvieron el día 13.

Dos días después, las hermanas de Daimiel, sabiendo que Felipe ya estaba detenido, prestaron declaración y acusaron formalmente, además de a Terol, a Antonio Cano Murillo, Calixto Pintor Marín, Carlos García Benito y Octavio Carrasco Martínez, como responsables del asesinato del agente [155]. La suerte del mecánico municipal que había fabricado las bombas que estallaron en la vía férrea estaba echada y los informes de Falange, del Ayuntamiento y de la Comisaría de Investigación y Vigilancia, ratificaron la idea de que él había sido el principal instigador para que asesinaran a Gregorio Daimiel. Fue ejecutado rápidamente, el 20 de mayo, porque urgía castigar ejemplarmente a los "asesinos rojos" para, por un lado, sembrar el terror y, por otro, conseguir que la sociedad cerrara filas ante el nuevo régimen. La venganza contra Terol le afectó también a su esposa, Camila Solís Bellón, que fue detenida junto a él, acusada de encubrir el asesinato

En una de las plantas del edificio del Banco Español de Crédito, obra de Mateo Gayá, se instaló, en la etapa en la que la dirigía García Benito, la Delegación de Hacienda

de Daimiel, procesada, juzgada en consejo de guerra y ejecutada el 5 de junio de 1939[156].

A Carlos García Benito lo denunciaron y fue detenido el 17 de abril, pero, en principio, no por su implicación en los sucesos de octubre de 1934, sino por haber sido un miembro destacado del Partido Socialista y haber ostentado diversos cargos, entre ellos el de delegado de Hacienda de Ciudad Real y el de presidente del Socorro Rojo Internacional.

A lo largo de su proceso, algunos testigos recordaron que fue detenido por su participación en la organización de la huelga revolucionaria, pero el hecho de que fuera absuelto en los juicios restó importancia a esta acusación. A pesar de que numerosas personas de la derecha ciudadrealeña demostraron durante las sesiones que Carlos desempeñó un papel clave para que no se produjeran más asesinatos en la capital y arriesgaron su prestigio personal para intentar suavizar la pena que pudiera imponerle el tribunal, no consiguieron salvarle la vida y fue ejecutado el 11 de septiembre de 1940[157].

Octavio Carrasco Martínez, que –según comentamos– fue uno de los integrantes del comando que colocó la bomba en el puente del ferrocarril sobre el río Guadiana, convencido de que le buscarían, se escondió tras la ocupación de la ciudad por las tropas franquistas, pero fue localizado y detenido en el domicilio de su familia, en la calle Mata n.º 8, a primera hora de la tarde del 19 de abril. Hacía

Octavio Carrasco

días que la policía le buscaba tenazmente, porque el rumor público y diversas denuncias le señalaban como el autor material de la muerte del agente Gregorio Daimiel Sánchez. El día 26, cuando se le tomó declaración indagatoria, Octavio reconoció que fue él quien asesinó a Daimiel disparándole dos veces y, desde ese momento, aunque se le acusaba también de otros asuntos, su suerte estuvo echada. El 12 de mayo fue sentenciado a muerte en consejo de guerra y el 19 de junio fue fusilado en las tapias del cementerio de Ciudad Real[158].

Crescencio Sánchez-Ballesteros Ruiz de Lerma, líder de los comunistas ciudadrealeños, se encontraba –como hemos señalado– en la Prisión Provincial de Ciudad Real desde el día 11 de marzo[159], fecha en la que fue detenido por ser el cabecilla de la resistencia que llevaron a cabo sus camaradas en el antiguo palacio episcopal –el Palacio Rojo, sede del Partido Comunista– en un intento por mantener la legalidad republicana frente al golpe de Estado encabezado por el coronel Segismundo Casado. El 12 de junio, la Comisaría de Investigación y Vigilancia de Ciudad Real comunicó al juzgado militar de la capital la presencia de Crescencio en prisión y le señaló que, además de ser el líder de la "sublevación comunista" y de pertenecer a numerosos comités izquierdistas, fue uno de los que participaron activamente en los sucesos de octubre de 1934. Con esta información la autoridad castrense inició, el 1 de julio, un proceso sumarísimo contra el dirigente comunista que, en su declaración indagatoria, limitó su

Crescencio Sánchez-Ballesteros

participación en los hechos de 1934 a llevar una pistola sin tener la licencia necesaria para poder hacerlo. En septiembre asistió a consejo de guerra y su sentencia, aunque recogió su participación directa en la huelga revolucionaria, se centró más en otros cargos, como el de ser fundador y secretario general del Partido Comunista de Ciudad Real o el de haber expropiado el antiguo palacio episcopal para convertirlo en el domicilio social de su organización. El tribunal le condenó a muerte y su sentencia fue ejecutada el 16 de marzo de 1940[160].

Justo un año antes, había sido detenido en la capital el antiguo alcalde socialista, Calixto Pintor Marín. Aunque muchos otros dirigentes ciudadrealeños decidieron abandonar la localidad, camino de Alicante, en los días previos a la caída de la ciudad, Calixto decidió quedarse en Ciudad Real y preparar con más calma su huida, por lo que, mientras esperaba a tener todo bien atado, se ocultó en un lugar cercano a la calle del Carmen. Tenía previsto salir de la localidad al anochecer día 22 de abril, pero la policía recibió el soplo y organizó un dispositivo que culminó con su detención en la calle de la Zarza, al poco de salir de su escondite. Al día siguiente se le tomó declaración, por primera vez, en la comisaría de Investigación y Vigilancia. Pintor reconoció todas sus responsabilidades políticas y, también, su implicación en la gestación del movimiento de octubre de 1934. En mayo volvió a declarar, esta vez ante Aizpún, el juez instructor del tribunal militar, y mantuvo al pie de la letra sus declaraciones porque, confiado en la tan cacareada ecuanimidad de la justicia franquista, no esperaba que se le impusiera una pena demasiado grave pues "... no intervino en sangre ni robo y su actuación como alcalde evitó la llamada segunda vuelta y no se mató...". De hecho, desde el primer momento, empezaron a llegar al juzgado avales de personas muy significadas de la derecha capitalina, que así lo atestiguaban, e incluso tres de los testigos "profesionalizados", que usaba habitualmente la acusación militar para corroborar el rumor público (Manuel Baeza Romero, Evelio Coronado Palop y Francisco Gomila Cabot), declararon que "... durante su mandato no hubo asesinatos y se mostró siempre contrario a ellos...", que "... no le conceptúan como un individuo capaz de matar o inducir y tampoco de robar..." o que "... hacia el mes de noviembre hizo cosas muy buenas interviniendo en algunos casos para salvar vidas y no teniendo nada que ver en crímenes, robos o delaciones..."[161].

Calixto Pintor Marín

Era evidente que Calixto, un mecánico que siempre estuvo muy politizado y activo sindicalmente, que participó de forma destacada en los sucesos de octubre de 1934 y que, aunque empezó de cero después de febrero de 1936, se convirtió en alcalde de la capital, entre el 14 de enero de 1937 y el 8 de febrero de 1939, no podría eludir el carácter ejemplificador de la justicia de Franco, a pesar de que su labor no hubiera sido reprobable. El 21 de agosto se dictó la sentencia de su consejo de guerra y, como era de esperar y como se hacía con todos los dirigentes, el tribunal militar le condenó a muerte bajo la acusación de adhesión a la rebelión; pero, inmediatamente, solicitó que se le conmutara la pena por la de 30 años. Calixto, seducido en parte por la propaganda franquista que afirmaba que nada tenían que temer del Caudillo aquellos que no tuvieran las manos manchadas de sangre, se sorprendió de que "... se le impusiera la pena tan grave pedida por el ministerio fiscal..." a pesar de que fuera a conservar la vida.

Cuando la noticia de la conmutación se hizo pública en Ciudad Real, el descontento de algunos hizo que entrara en escena lo sucedido en octubre de 1934, así que, en diciembre, se produjeron nuevas denuncias contra Pintor, realizadas por Regula Sánchez Hernández –la madre del agente Gregorio Daimiel Sánchez– y por Rafaela Fillol Burgos –la viuda de Ismael Ríos García, el capitán de los Guardias de Asalto–, que provocaron que se le incoara un nuevo proceso[162]. Entre febrero y mayo de 1940, desfilaron ante el tribunal un buen número de testigos que, ahora sí, le acusaron de ser uno de los inductores de los asesinatos de los represores de octubre; asimismo le inculparon de cumplir la teórica venganza que prometió nada más llegar a Ciudad Real desde el penal de El Puerto de Santa María, en febrero de 1936, y luego cuando, en agosto, se enteró de que su íntimo amigo, José Maestro San José, había sido fusilado en Valladolid: "... estamos en la calle para cortar las cabezas a aquellos que nos han estorbado para hacer nuestra revolución...".

Sin ninguna posibilidad de defenderse, fue condenado nuevamente a muerte y ejecutado al amanecer del 24 de julio de 1940. Su esposa, Magdalena Huete Gómez del Pulgar, no se vio libre del alargado brazo de la justicia militar franquista: fue acusada y condenada a treinta años por adhesión a la rebelión y falleció en el Hospital de Basurto, en Bilbao, donde estaba encarcelada, tres meses antes de que Pintor fuera ejecutado. Ni siquiera la muerte de sus progenitores libró de la persecución a sus cuatro hijos, menores de edad, que en virtud de la Ley de Responsabilidades Políticas, fueron condenados, en diciembre de 1941, a perder la casa en la que aún vivían, valorada en unas 20 000 pesetas[163].

Benigno Cardeñoso Negretti salió de la ciudad, con dirección a Alicante, en los últimos días de marzo de 1939, con la intención de embarcar en su puerto camino del exilio, pero fue uno de los muchos ciudadrealeños que quedaron atrapados en la ratonera en que se convirtieron los muelles alicantinos; tras la llegada de las tropas italianas, pasó primero por la plaza de toros y fue luego recluido en el castillo de San Fernando. Pocos días después, los rectores franquistas de la capital, conocedores de que muchos dirigentes ciudadrealeños habían huido hacia la ciudad levantina, enviaron allí a algunos miembros de Falange para que intentaran identificarlos, reclamaran su custodia y los trajeran de vuelta a Ciudad Real para ser juzgados. Benigno, un hombre muy conocido entre sus paisanos por su significación política, fue uno de los que tuvieron la desgracia de ser localizado; tras unas semanas de trámites burocráticos, llegó a la capital el 5 de julio e inmediatamente se le tomó una pormenorizada declaración. Desde que fue localizado hasta que lo trajeron a la ciudad[164], las autoridades del nuevo régimen tuvieron tiempo de elaborar un amplio dosier sobre sus actividades, a partir de los escritos que presentaron el Ayuntamiento,

El Puerto de Alicante con las tropas italianas
que apresaron a los que pretendían salir hacia el exilio

el Gobierno Civil, la comisaría de Investigación y Vigilancia, la Guardia Civil y, por supuesto, la Falange.

Todos los informes coincidían en señalar a Cardeñoso como un líder histórico del Partido Socialista y de la UGT, e indicaban que había participado activamente en la preparación de octubre de 1934 y que, después, durante la guerra, había dirigido milicias, organizado incautaciones, formado batallones y actuado en el frente como comisario político. El documento elaborado por Falange concluía afirmando que era "... el verdadero prototipo del dirigente político que vive y se encumbra a costa de los trabajadores, ya que nunca ha tenido profesión ni empleo y ha vivido a costa del sudor de los mismos, haciéndoles falsas promesas...".

Semejante semblanza dejaba a Benigno muy pocas posibilidades de sobrevivir a la venganza que, sistemáticamente, ejercía la justicia de Franco; él, consciente la suerte que le esperaba, reflexionaba en una carta destinada a Pepa, su esposa, sobre la peligrosidad que le achacaban y el modo en que la juzgarían, e incidía en que su actuación "... no se basó nunca en monstruosidades de ninguna índole, sino en el bien general..." y en que "... aunque creía que en Ciudad Real no tenía enemigos pasionales..." se había equivocado.

A lo largo de las siguientes semanas, numerosos testigos acudieron al juzgado militar para declarar en su contra y, el 21 de agosto, en

Benigno Cardeñoso Negretti

consejo de guerra, fue condenado a muerte. Sería ejecutado el 17 de noviembre de 1939[165].

José Áureo Estévez Lázaro fue otro de los detenidos en Alicante, aunque a él no lo apresaron en los muelles, sino en un control en la carretera de Valencia porque cuando, desesperado ante la evidencia de que los barcos no llegarían al puerto y de que la caída de la ciudad era inminente, cuando decidió abandonar a pie Alicante, las tropas italianas ya supervisaban los accesos de la ciudad, impidiendo que nadie entrara o saliera de ella. Tras diversas peripecias fue conducido al Castillo de Santa Bárbara. En un primer momento, pasó desapercibido para los falangistas ciudadrealeños que recorrieron las cárceles alicantinas en busca de los "rojos" huidos de la capital, pero el 12 de julio, desde la Guardia Civil de Alicante, siguiendo los trámites habituales, remitieron a la de Ciudad Real la ficha clasificatoria de José Áureo para que constara dónde se encontraba retenido, por si tenía alguna responsabilidad penal. Inmediatamente, en la capital se iniciaron indagaciones sobre Estévez y, el 8 de septiembre, se solicitó oficialmente a Alicante su traslado a la Prisión Provincial de Ciudad Real.

A día siguiente, las hermanas Gregorio Daimiel Sánchez, se presentaron en el Tribunal Militar y le acusaron de participar en el asesinato del agente.

José Áureo era un socialista histórico de la ciudad –de los primeros militantes del partido y fundador de las Juventudes, de las que fue presidente–, al que su vacilación para pasar a la acción durante los sucesos de octubre de 1934 le costó la destacada posición política de la que gozaba. En la planificación prevista en ese movimiento revolucionario, él era el que debía encargarse de enviar a varios pueblos los telegramas en clave que indicarían el inicio de la acción; pero, en el último momento, se negó a hacerlo y fue expulsado del partido. Aunque reingresaría posteriormente, ya no disfrutó de la preeminencia que tenía antes y solo ostentó el cargo de presidente del Sindicato –adscrito a la UGT– de Trabajadores de la Diputación Provincial, en cuyas oficinas trabajaba. En 1938 fue secretario general del Comisariado Político del ejército de Extremadura y, desde su puesto, contribuyó a que en Ciudad Real no se produjeran, en la que se conoció como "la segunda vuelta", nuevos asesinatos[166].

Antonio Cabrera Toba, defensor de la "segunda vuelta"

Ni la actitud dubitativa que mostró en octubre de 1934 –por la que, a pesar de ser encarcelado, resultaría absuelto en los procesos que se celebraron en 1935–, ni su labor para evitar que se produjeran nuevas ejecuciones en 1938 le libraron de que, en su consejo de guerra, celebrado el 6 de junio de 1940, el fiscal le acusara despiadadamente y que el tribunal le condenara a muerte por el delito de Adhesión a la Rebelión. Fue ejecutado el 17 de julio de 1940.

Vicente Fernández-Calvillo Gigante, –Papachín o el Dormilón– fue otro de los integrantes de la célula que colocó las bombas en el Puente de Hierro, por lo que, tras juzgarle, fue condenado a 19 años, 4 meses y 1 día. Cuando, después de las elecciones de febrero de 1936, volvió en libertad a la capital, se convirtió en secretario de la Casa del Pueblo; cuando, en marzo de 1937, se movilizó su quinta, ingresó en el ejército republicano y, tras la batalla de Teruel, fue capturado y enrolado por los nacionales en un batallón de trabajadores, en el que permaneció hasta que, en mayo de 1940, consiguió la libertad y regresó de nuevo a Ciudad Real. En cuanto que le reconocieron, mientras caminaba libremente por la calle, le denunciaron ante el Tribunal Militar por delatar a derechistas; pero, aunque se le incoó un proceso sumarísimo, no fue encarcelado y, finalmente, su caso sería sobreseído[167]. Cuando Vicente pensaba que no tenía nada que temer y que sus "deudas" estaban saldadas, todo se complicó para él.

Su compañero en el Partido Socialista y en la UGT –Cesáreo Luis Jiménez García– volvió a la ciudad en el mes de diciembre de 1941, tras estar huido en Francia; decidió esconderse unos días para valorar cómo estaba el ambiente en la capital, pero alguien lo vio y lo denunció. En las dependencias de la Policía Municipal, el jefe de la misma –Manuel Baeza Romero– y su colaborador –el guardia a su mando Cayetano Mena–, esbirros y testigos "profesionales" de la justicia franquista, le sometieron a un "violento" interrogatorio y Cesáreo terminó confesando que la madrugada del 9 de agosto

> ... se hallaba en la Casa del Pueblo, en el edificio de Hacienda viejo, en la calle Ciruela en el momento que allí se recibió un telegrama anunciando la llegada de unos 36 individuos procedentes de Alcázar de San Juan* (ver nota aclaratoria en la siguiente página). A tal efecto el secretario de la Casa del Pueblo, Vicente Fernández, dispuso que los allí presentes se armaran y salieran capitaneados por él a la estación a auxiliar a los camaradas. Él salió a las órdenes de Vicente con este objetivo con otros 12 o 13 entre los que estaban Bocatortas, el Corroto, el Zorro y el Moraga...[168].

Era una acusación gravísima sobre uno de los hechos más luctuosos de la época del "terror rojo" e, inmediatamente, se procedió a la detención de Vicente Fernández-Calvillo.

Aunque en un primer interrogatorio negó los hechos, los malos tratos y un careo con Cesáreo Luis le hicieron confesar que,

CASA DEL PUEBLO

CIUDAD REAL

Sello de la Casa del Pueblo de Ciudad Real

* NOTA ACLARATORIA "presos de Alcázar de San Juan"

A principios de agosto de 1936, la situación en muchas localidades de la provincia era tan tensa que a las autoridades les costaba garantizar la seguridad de los presos que se encontraban retenidos en la cárceles. Ya se habían producido algunos asaltos en localidades como Manzanares y, el 8 de agosto, se decidió trasladar a los 54 internos de la prisión de Alcázar de San Juan a la Prisión Provincial de la capital, para poder protegerlos. Cuando llegaron a Ciudad Real, los presos comunes y las mujeres fueron ingresados en la cárcel tal y como estaba previsto, pero 37 presos políticos fueron ejecutados en el que, desde entonces, se conoció como Camino de los Mártires, detrás de la Granja Agrícola. El asesinato de los presos de Alcázar respondió a la radicalización del Comité de Defensa de la capital, que aprovechó la oportunidad que le brindaba esa situación para transmitir a la población ciudadrealeña cuál iba a ser su actitud con la derecha a partir de ese momento. Desde esa madrugada, el terror se impuso en la ciudad y, hasta que concluyó 1936, un clima revolucionario vulneró todos los derechos legales y la vida de las personas consideradas "enemigas del pueblo" dejó de tener valor.

> ... cuando fueron traídos los 36 de Alcázar él se encontraba en la
> Casa del Pueblo establecida en el edificio viejo de Hacienda en la
> calle Ciruela y que recibieron aviso telefónico de su llegada condu-
> cidos por milicias de Alcázar. Se armaron los que estaban allí, unos
> 12 o 13, entre los que estaban Galiana, Luis Jiménez, Bocatortas,
> Corroto y otros que no recuerda y que salieron a recibirlos en las
> inmediaciones de la estación. Antes de salir de la Casa del Pueblo
> hubo una cierta discusión por el nombramiento para jefe de piquete
> entre él y Bocatortas alegando unos que el declarante no podía ser
> nombrado porque se dormía con facilidad por lo que fue nombrado
> el Bocatortas...[169].

Su suerte estaba echada, pero durante todo 1942, se recabaron
muchos testimonios e informes para su proceso sumarísimo, mientras
Vicente permanecía en la Prisión Provincial. A mediados de febrero
de 1943, el fiscal emitió su informe en el que, por supuesto, destacó
su participación en los sucesos de octubre de 1934. En consejo de
guerra, el 3 de marzo, se le condenó a muerte, a pesar de que Cesáreo Luis escribió una carta en la que juraba que, en lo de los presos
de Alcázar,

> ... si implicó a Vicente fue por los malos tratos que recibió durante
> su primera declaración y que si luego se ratificó ante el juez fue por
> miedo a la rectificación. Que ahora tiene muchos remordimientos y
> que por justicia declara que nada tuvo que ver Vicente en lo de los
> muertos de Alcázar...[170].

Fue ejecutado el 26 de marzo de 1943.

Tres de los ya juzgados por lo octubre de 1934, tras ser detenidos
y sometidos a proceso sumarísimo por la justicia franquista al finalizar
la Guerra Civil, lograron conservar la vida, a pesar de ser condenados
a penas durísimas.

Clodoaldo Barrios Roca era un maestro muy politizado, lider de
la Federación Universitaria Escolar (FUE) en Ciudad Real, que, en
1934, asumió la responsabilidad de liderar el comando encargado de
colocar las bombas en el puente sobre el río Guadiana. Fue condenado por este hecho a casi 20 años de prisión y, tras la amnistía que
conllevó la victoria del Frente Popular en las elecciones de febrero de
1936, fijó la residencia en Manzanares para ejercer su profesión de
maestro nacional. El levantamiento le sorprendió de vacaciones en la

capital, desde donde acudió voluntario al frente de Madrid hasta que, en octubre, en la ciudad universitaria, fue herido en una pierna. Volvió entonces a Ciudad Real y desde la ciudad se ocupó de la depuración de los maestros de la provincia hasta que, a finales de 1937, volvió a Manzanares para dar clases, dejando ya de lado cualquier actividad política. Tras la "Victoria", fue denunciado por manzanareños de derechas y detenido el 25 de agosto de 1939, aunque no acudió a consejo de guerra hasta el 10 de octubre de 1940. El fiscal no pudo probarle otra cosa que no fuera su participación en el movimiento revolucionario de 1934 y su actuación en la depuración del magisterio; pero, a pesar de ello, fue condenado a muerte, aunque con la recomendación de conmutarle la última pena por la de 30 años de cárcel[171].

La sustitución de la Enseñanza religiosa, ha de dar trabajo a los miles de Maestros parados; su consecución será una de las aspiciones del Magisterio.

ano de la Asociación P. de E. del Magisterio

Época segunda   Ciudad Real, 15 de Marzo de 1936   Núm. 1

Primer número del *Boletín* editado en 1936 por la Federación Universitaria Escolar

Cástulo Carrasco Martínez era hermano mayor de Octavio y, como el resto de sus hermanos, desde su juventud se había educado en el marxismo de la mano de su padre, Antonio Carrasco Jiménez, un socialista militante. Cuando se llevó a cabo la huelga revolucionaria de octubre de 1934, Cástulo, que tenía entonces 25 años, era el presidente de las Juventudes Socialistas y, como ya señalamos, participó activamente en su planificación, hasta que se supo que era seguido de cerca por la policía. En los juicios por aquellos hechos fue condenado a cuatro años de prisión y, tras la amnistía, se trasladó a Madrid. Era un hombre con formación, que escribía artículos en la prensa desde muy joven, primero en Ciudad Real, en el semanario *Clamor,* y luego durante su estancia en Madrid, en *El Socialista, Renovación* y *Claridad.* Su prestigio periodístico era tan notable que, cuan-

Caricatura de Cástulo Carrasco Martínez

do estalló el conflicto armado, se convirtió en redactor jefe de *Frente*. Tras la guerra fue detenido en Cáceres, ciudad a la que le debía unir algún lazo que desconocemos, y, en esa ciudad, se le incoó proceso sumarísimo. Su actividad en Ciudad Real había sido nula durante la guerra y su implicación en lo de octubre de 1934 pasó bastante desapercibida para el tribunal militar que lo juzgó y, quizá por eso, "solo" fue condenado a 30 años de prisión[172].

De todos los implicados en la huelga revolucionaria, el destino más sorprendente fue el vivido por Julián Chico Carretero. Recordemos que la policía centró sus investigaciones y comenzó a practicar detenciones entre los inductores y los autores de los hechos, gracias a lo que, teóricamente, el Mellao y Si lo sé le sonsacaron a Julián el día de la virgen del Pilar de 1934. Curiosamente, fue uno de los que salió mejor parado en los juicios que se celebraron[173], pero sus compañeros no le consideraron nunca un traidor y, tras abandonar la UGT y afiliarse al Partido Comunista, ostentó cargos de representación importantes[174]. Cuando se produjo la sublevación, Julián solo participó en algunos registros domiciliarios y, a principios de 1937, se alistó voluntario en el ejército y llegó a alcanzar el grado de teniente de intendencia. En 1939, durante la resistencia comunista al golpe de Casado, participó en los sucesos ocurridos en Madrid y terminó por ser detenido y recluido en la prisión de Santa Engracia, donde lo encontraron las fuerzas franquistas. El 15 de octubre de 1939, tras haber sido denunciado por Joaquina Párraga como responsable del asesinato de su esposo, Críspulo Morales, y también por la viuda de José Expósito Bolaños, Joaquina Nieto, fue trasladado a Ciudad Real y se le incoó un proceso sumarísimo, por el que, más de quince meses después, fue condenado a muerte sin propuesta de conmutación, en el consejo de guerra al que se le sometió el 6 de marzo de 1941 [175]. En mayo, sin embargo, a pesar de que el "rumor público" y las declaraciones de los familiares más allegados a las víctimas le señalaban como responsable directo de los asesinatos de Si lo sé y del Mellao, Julián consiguió, gracias a su "buena estrella", que la pena le fuera conmutada por la de 30 años, con lo que inició un peregrinaje por distintas prisiones hasta que, el 9 de octubre de 1944, su condena se redujo a 20 años.

En noviembre de 1945, desde la cárcel de Ocaña, pidió el indulto; como no le fue concedido, lo solicitó de nuevo en junio del año siguiente, aunque con el mismo resultado [176]. No sabemos con precisión cuándo consiguió su libertad, ni cuál fue su contacto salvador en la jerarquía franquista; pero, desde luego, en mayo de 1951, ya se encontraba en Ciudad Real, visitando fraternalmente al jefe provincial del Movimiento [177]. Tenía entonces 49 años y había conseguido mantenerse con vida [178].

PAGINA 2   **LANZA**   Miércoles 23 de Mayo 1951

HOY EN CIUDAD REAL

Jefatura provincial del Movimiento

El Jefe Provincial después de despachar con el sub-jefe, inspector y delegados de Servicio recibió las siguientes visitas:

D. Manuel Martín Moyano; Doña Cristina Doctor; señora Viuda de Novalvos Cárdenas y D. Julián Chico Carretero.

Noticia aparecida en *Lanza* reflejando la visita de Julián Chico al jefe provincial del Movimiento

109 Las órdenes de detención en *AHPCR*, Sección Cárcel Caja 406 533, Exp.10 291 (Vicente Corral Díaz) y *AHPCR*, Sección Cárcel Caja 406 562, Exp. 12 515 (Ángel Ruiz Martín –el Cancanero–). Referencias en *El Pueblo Manchego*, n.º 7910, 6 de octubre de 1934.

Cayó uno de los implicados, Octavio Carrasco, pero la policía no lo supo en aquel momento y fue puesto en libertad, como los demás, el día 12 del mismo mes.

110 *AHMCR*. Libro de Actas del Ayuntamiento, Libro B 1934, p. 46.

111 Eran tantas que decidió que no se investigara ninguna que no fuera realizada de forma nominal, *El Pueblo Manchego*, n.º 7922, 19 de octubre de 1934.

112 Acabó siendo militante de Falange. *CDMH*, Causa General, 1027, Exp. 1.

113 *AGHD*, Fondo Madrid, Sum. 5368. Leg. 7584. *AGHD*, Fondo Madrid, Sum. 2208, Leg. 5579, Caja 6462. *El Pueblo Manchego*, n.º 7915, 13 de octubre de 1934.

114 *ABC*, n.º s/n, 17 de octubre de 1934.

115 Sobre las detenciones en *El Pueblo Manchego*, n.º 7915, 13 de octubre de 1934. *El Pueblo Manchego*, n.º 7917, 15 de octubre de 1934 y *AHMCR*, Libro de Actas del Ayuntamiento, Libro B 1934. p. 48.

Expedientes penitenciarios de los protagonistas en *AHPCR*, Sección Cárcel, Caja 405 856; *AHPCR*, Sección Cárcel, Caja 405 986, Leg. 3592; *AHPCR*, Sección Cárcel, Caja 405 858; *AHPCR*, Sección Cárcel, Caja 406 517, Leg. 9185; *AHPCR*, Sección Cárcel, Caja 405 863; *AHPCR*, Sección Cárcel, Caja 405 864; *AHPCR*, Sección Cárcel, Caja 405 877; *AHPCR*, Sección Cárcel, Caja 405 883; *AHPCR*, Sección Cárcel, Caja 405 896; *AHPCR*, Sección Cárcel, Caja 405 905; *AHPCR*, Sección Cárcel, Caja 405 907; *AHPCR*, Sección Cárcel, Caja 405 913. Juicios en *AAPCR*, Libros de Sentencias, Año 1935, Tomo 1, Sentencia 74, Sum. 262, Rollo 1514 y *AAPCR*, Libros de Sentencias, Año 1935, Tomo 1, Sentencia n.º 126, Sum. n.º 43, Rollo n.º 251.

Fueron también detenidos Francisco Tomás Martínez Bravo y José Estévez Lozano, acusados de reunión ilegal. *AHPCR*, Sección Cárcel, Caja 405 883; *AHPCR*, Sección Cárcel, Caja 405 863.

116 *El Pueblo Manchego*, n.º 7915, 13 de octubre de 1934.

117 *El Pueblo Manchego*, n.º 7917, 15 de octubre de 1934.

118 *AHPCR*, Sección Cárcel, Caja 405 881. *El Pueblo Manchego*, n.º 7919, 17 de octubre de 1934. *El Pueblo Manchego*, n.º 7920, 18 de octubre de 1934. *El Pueblo Manchego*, n.º 7921, 19 de octubre de 1934.

119 Por eso el gobernador militar devolvió a sus propietarios gran parte de los coches que se habían requisado para usarlos durante el movimiento revolucionario. *El Pueblo Manchego*, n.º 7929, 29 de octubre de 1934. Sin embargo, las fuerzas de seguridad seguían muy atentas a todo lo que ocurría y, el día 1 de noviembre, la Guardia Civil detuvo a 14 personas acusadas de reunión

ilegal. Todos fueron puestos en libertad ese mismo día excepto Clinio Carrasco, probablemente por ser hermano de Cástulo y Octavio, que fue excarcelado el 8 de noviembre. *AHPCR*, Sección Cárcel, Caja 406 537, Exp. 10 683; *AHPCR*, Sección Cárcel, Caja 405 862; *AHPCR*, Sección Cárcel, Caja 405 875. El 27 de noviembre fue detenido el empleado del catastro José Gómez García, que sería puesto en libertad pocos días después. *AHPCR*, Sección Cárcel, Caja 405 871; *El Pueblo Manchego*, n.º 7953, 28 de noviembre de 1934. El 13 de diciembre, tras unos incidentes en el Teatro Cervantes al proyectarse un reportaje sobre los sucesos de Asturias, fueron detenidos Mariano Bartolomé Carrasco, Jesús Ciudad Madrid y Antonio García Flores. *AHPCR*, Sección Cárcel, Caja 405 986, Exp. 3585; *AHPCR*, Sección Cárcel, Caja 405 986, Exp. 3589; *El Pueblo Manchego*, n.º 7966, 14 de diciembre de 1934. También fueron detenidos, el 7 de enero de 1935, Pascasio Sánchez Espino, Marciano Ruiz Hervás y Amador Mosqueda Rodríguez, por encontrárseles documentación referente a aquellos hechos. *El Pueblo Manchego*, n.º 7985, 8 de enero de 1935 y *El Pueblo Manchego*, n.º 7986, 09 de enero de 1935.

120 *AHPCR*, Sección Cárcel, Caja 405 902; *AHPCR*, Sección Cárcel, Caja 405 895. *El Pueblo Manchego*, n.º 7944b, 17 de noviembre de 1934. *El Pueblo Manchego*, n.º 7947, 21 de noviembre de 1934. Aunque serían puestos en libertad el 13 de diciembre, fueron vueltos a detener el día 28. *El Pueblo Manchego*, n.º 7965, 13 de diciembre de 1934 y *El Pueblo Manchego*, n.º 7977, 28 de diciembre de 1934.

121 Sobre el suplicatorio a Hernández Zancajo ver *El Pueblo Manchego*, n.º 7917, 15 de octubre de 1934; *El Pueblo Manchego*, n.º 7941, 13 de noviembre de 1934; *El Pueblo Manchego*, n.º 7960, 06 de diciembre de 1934. *ABC*, s/n, 16 de octubre de 1934; *ABC*, s/n, 14 de noviembre de 1934; *ABC*, Sevilla, s/n, 17 de noviembre de 1934; *ABC*, s/n, 06 de diciembre de 1934; *ABC*, s/n, 21 de diciembre de 1934. Se conserva su suplicatorio, aprobado por petición del juez militar de Madrid. Archivo del Congreso de los Diputados (*ACD*) n.º 596 / 53 y *ACD* Diario de Sesiones 133/008.

122 *El Pueblo Manchego*, n.º 7949, 23 de noviembre de 1934. Pidieron una reforma del sumario que se les denegó, *El Pueblo Manchego*, n.º 7959, 5 de diciembre de 1934. Benigno Cardeñoso también sería trasladado a la prisión de Almagro el 12-12-1934. *AHPCR*, Sección Cárcel. Caja 405 986, Exp. 3592. El 11-01-1935 Buenaventura Pintor pidió al director de la Prisión Provincial una entrevista para trasmitirle algunas demandas que tienen los presos. *AHPCR*, Sección Cárcel. Caja 405895.

123 El juicio, bajo la acusación de excitación a la rebelión, se celebró el 20 de febrero de 1936 y, para asistir como testigos, fueron trasladados desde sus destinos a la Audiencia Provincial de Ciudad Real Felipe Terol, Octavio Carrasco y Clodoaldo Barrios. *AHPCR*, Sección Justicia, J0581C, Proceso 897 de 1935 y *AHPCR*, Sección Justicia, Sum. 132, rollo 1 de 1935.

124 Antes de celebrarse la vista, el proceso pasó de la jurisdicción militar a la civil, *El Pueblo Manchego*, n.º 7923, 09 de enero de 1935. Detalles de los juicios en *El Pueblo Manchego*, n.º 7926, 13 de febrero de 1935 y siguientes. *El Pueblo Manchego*, n.º 7960. 26 de marzo de 1935 y siguientes.

125 A Daniel Sánchez Vizcaíno no se le imputó tenencia de armas y su pena se redujo en dos años por esta razón.

126 *AAPCR*, Libro de Sentencias, Tomo I de 1935, Sentencia n.º 74, Sum. n.º 262, Rollo n.º 1514.

127 Llama la atención que Cástulo, Crescencio y Bonifacio no fueran incluidos en el juicio de febrero, pues su actuación estaba relacionada con los allí implicados.

128 *AAPCR*, Libro de Sentencias, Tomo I de 1935, Sentencia n.º 126, Sum. n.º 43, Rollo n.º 251. Piñuela fue puesto inmediatamente en libertad, igual que Crescencio y Bonifacio, que ya tenían la pena cumplida.

129 *AHPCR*, Sección Cárcel, 405 986, 3592; *AHPCR*, Sección Cárcel, Caja 406 517, Exp. 9185; *AHPCR*, Sección Cárcel, Caja 405 895; *AHPCR*, Sección Cárcel, Caja 405 902; Caja 405 913.

130 La obra clásica de referencia es la de Tusell (TUSELL GÓMEZ, J. (1971), *Las elecciones del Frente Popular*, Madrid, Ed. Edicusa). Lo último que se ha escrito respecto a esas elecciones ha sido hecho por Álvarez y Villa (ÁLVAREZ TARDÍO, M. y VILLA GARCÍA, R. (2017), 1936. *Fraude y violencia en las elecciones del Frente Popular*, Madrid, Ed. Espasa), que se ha convertido en una obra muy polémica.

131 En un principio, fueron nombrados por la minoría los socialistas José Maestro San José y Antonio Cabrera Toba; pero, tras una reclamación, el 30 de marzo fue nombrado, en sustitución de Cabrera, Marino Saiz Sánchez que, por un estrecho margen, había conseguido más votos. *El Pueblo Manchego*, n.º 8265, 30 de marzo de 1936.

132 El trabajo de referencia para las elecciones en la provincia y en la capital es el de Sancho (1989).

133 Telegramas de libertad en *AHPCR*. Sección Justicia. J0581C. Proceso 897 / 1935. *El Pueblo Manchego*, n.º 8236, 24-02-1936. *Vida Manchega*, II Época, Año 2, n.º 64, 24 de febrero de 1936.
Sabemos que Calixto Pintor fue restituido como concejal el día 29 de febrero. *AHMCR*, Actas Municipales, Libro 1936 a. Sesión Ordinaria, 29 de febrero de 1936. *AGHD*. Fondo Madrid, Sum. 371. Caja 3548-5.

134 Como el celebrado en la Unión Obrero-Benéfica el sábado 29 de febrero, *Vida Manchega*, II Época, Año 2, n.º 66, 2 de marzo de 1936.
En Ciudad Real, el 22 de febrero se repuso en sus cargos del Ayuntamiento a los concejales electos en abril de 1931 y se eligió alcalde accidental a Antonio Vargas. El día 29 sería restituido como concejal Calixto Pintor y el 5 de marzo serían nombrados concejales Crescencio Sánchez, Domingo Cepeda, Benigno Cardeñoso, Antonio Cano Murillo y Cástulo Carrasco. El 12 de marzo serían reintegrados en sus puestos todos los funcionarios expedientados: Felipe Terol, Antonio Fernández, Fernando García, Ángel Pecellín, Bonifacio Haro, Manuel Pérez y Francisco Cervantes. *AHMCR*. Libros de Actas del Ayuntamiento, Libro A 1936, p. 19 y ss.

Fernando Piñuela se trasladó en junio de 1935 a Murcia, donde acabaría siendo elegido alcalde de la ciudad.

135 De los municipales se recoge un amplio listado en *AHMCR*, Actas Municipales, Libro 1936 a. Sesión Ordinaria, 12 de marzo de 1936, *El Pueblo Manchego*, n.º 8252, 13 de marzo de 1936, *El Pueblo Manchego*, n.º 8257, 20 de marzo de 1936, *Vida Manchega*, II Época, Año 2, n.º 67, 5 de marzo de 1936.

136 Cesó el 7 de marzo, *El Pueblo Manchego*, n.º 8247, 07 de marzo de 1936, siendo sustituido por el capitán Manuel Pascual Hernández, *Vida Manchega*, II Época, Año 2, n.º 69, 9 de marzo de 1936.

137 *El Pueblo Manchego*, n.º 8273, 8 de abril de 1936.

138 Un ejemplo fue la restitución de la de José Maestro en la calle Alarcos, lo que originó una polémica que puede apreciarse en *El Pueblo Manchego*, n.º 8252, 13 de marzo de 1936, *El Pueblo Manchego*, n.º 8254, 16 de marzo de 1936 y *El Pueblo Manchego*, n.º 8255, 17 de marzo de 1936.

139 *CDMH*, Causa General, 1.032, Exp. 3. De las declaraciones de Felipe Terol, uno de los implicados en la revolución de octubre de 1934, se desprende que, si no lo hubiera hecho así, habría sido también asesinado: "... Daimiel ya ha caído lo que siento es que Sánchez Vizcaíno se haya escapado, que era peor que el otro..." *AGHD*, Fondo Madrid, Sum. 20, Leg. 2781. Después de la entrada de las tropas franquistas en la ciudad, salió de su escondite y, tras recuperar su puesto en la comisaría, participó activamente en la detención de numerosos dirigentes republicanos de la capital, *CDMH*, Causa General, 1.032, Exp. 2; *AGHD*, Fondo Madrid, Sum. 1123. Leg. 3791.

140 El Comité señaló específicamente que su detención se debía a su actuación durante los sucesos de octubre, *AHPCR*, Sección Justicia, J 154 A. *CDMH*, Causa General, 1031, Exp. 4; *AHPCR*, Sección Cárcel, Caja 405 910. Tolosa sería localizado nuevamente en noviembre, detenido y sometido a un juicio por desafección, del que finalmente resultó absuelto de todos los cargos, previo pago de una multa de 500 pesetas, *AHPCR*, Sección Justicia, J 221 A.

141 *AGHD*, Fondo Madrid, Sum. 371. Caja 3548-5.

142 La Comisaría de Investigación y Vigilancia, al sospecharse que casi todos sus miembros eran de filiación derechista, se trasladó pocos días después de la sublevación desde las dependencias del Gobierno Civil a un edificio situado en la calle Morería, n.º 8, quedando así los funcionarios aislados y sin ninguna capacidad de intervención en las órdenes que emitía el Comité de Defensa a través del gobernador civil; *CDMH*, Causa General, 1032, Exp. 3.

143 *AGHD*, Fondo Madrid, Sum. 371, Caja 3548-5. *AGHD*, Fondo Madrid, Sum. 1123, Leg. 3791. CDMH, Causa General, 1027, Exp. 1.

144 *AGHD*, Fondo Madrid, Sum. 480. Leg. 2248.

145 *CDMH*, Causa General, 1027, Exp. 1.

146 Así lo declaró su esposa, Joaquina Párraga, ante las autoridades franquistas, indicando que el grupo de milicianos que lo detuvo estaba dirigido por Juan

José Sánchez Fernández –el Rubio–. *AGHD*, Fondo Madrid, Sum. 5368, Leg. 7584; *CDMH*, Causa General, 1027, Exp. 1.

147 *AHPCR*, Sección Justicia, J 150 C; *AGHD*, Fondo Madrid, Sum. 371, Caja 3548-5; *CDMH*, Causa General, 1027, Exp. 1.

148 Según su esposa, Rafaela Fillol Burgos, el responsable directo fue Calixto Pintor y así se lo dio a entender a sus hijas en varias ocasiones. Fue arrestado el 24 de septiembre y paseado al día siguiente, *AGHD*, Fondo Madrid, Sum. 371, Caja 3548-5; *CDMH*, Causa General, 1027, Exp. 1.

149 *AGHD*, Fondo Madrid, Sum. 2208, Exp. 5579, Caja 6462. Calixto Pintor fue acusado como inductor del asesinato, *AGHD*, Fondo Madrid, Sum. 371, Caja 3548-5, aunque el principal inculpado en él fue Julián Chico *AGHD*, Fondo Madrid, Sum. 5368, Exp. 7584.

150 *AGHD*, Fondo Madrid, Sum. 371, Caja 3548-5.

151 *AGHD*, Fondo Madrid, Sum. 5307, Caja 3006-5; *CDMH*, Causa General, 1027, Exp. 1.

152 Algunos ejemplos que se documentan en las fuentes: Antonio Cano Murillo fue elegido vicepresidente de la Federación Socialista Provincial en el congreso extraordinario del partido celebrado en mayo de 1936 (*AFPI*, AH-IV-4). Fue, como Calixto Pintor Marín, Buenaventura Pintor Marín y Benigno Cardeñoso Negretti (*AGHD*, Fondo Madrid, Sum. 371. Caja 3548/5; *AGHD*, Fondo Madrid, Sum. 3042. Exp. 1078/7; *AGHD*, Fondo Madrid, Sum. 2208, Leg. 5579, Caja 6462), miembro del Comité Local de Defensa. César Romero Sánchez-Herrera formó parte de la ejecutiva socialista en el otoño de 1936 (*AFPI*, AH-IV-4). Clodoaldo Barrios Roca fue nombrado, en mayo de 1936, secretario de la Federación de Trabajadores de la Enseñanza (FETE) de UGT (*AGHD*, Fondo Madrid, Sum. 5907, Exp.468/2). Daniel Sánchez Vizcaíno ocupó puestos de responsabilidad en el Partido Comunista y Vicente Fernández-Calvillo fue nombrado secretario de la Casa del Pueblo (*AGHD*, Fondo Madrid, Sum. 2600, Caja 3409-2). Incluso Julián Chico Carretero, que fue el responsable de destapar toda la trama con sus conversaciones, tras abandonar la UGT, ostentó puestos importantes en el Partido Comunista (*AGHD*, Fondo Madrid, Sum. 5368, Leg. 7584).

153 Tomás Martínez se instaló en Granada y Fernando Piñuela en Murcia. Ambos serían ejecutados en sus ciudades de acogida, aunque no como consecuencia de su actividad política en Ciudad Real.

154 Buitrago (2024).

155 *AGHD*, Fondo Madrid, Sum. 480, Leg. 2248.

156 *AGHD*, Fondo Madrid, Sum. 740, Caja 2.511.

157 *AGHD*, Fondo Madrid, Sum. 453, Caja 2932-8.

158 *AGHD*, Fondo Madrid, Sum. 840, Leg. 2248.

159 *AHPCR*, Sección Cárcel, Caja 405 912.

160 *AGHD*, Fondo Madrid, Sum. 3972, Leg. 6195.

161 *AGHD*, Fondo Madrid, Sum. 1123, Leg. 3791.

162 *AGHD*, Fondo Madrid, Sum. 371, Caja 3548-5.

163 *AHPCR*, Sección Justicia J0175B, Exp. 971.

164 Fue a recogerlo un grupo encabezado por el agente de Investigación y Vigilancia, Mario Alfaya Blanco que, poco más de un mes después, el 22 de agosto, falleció en acto de servicio en Ciudad Real, en circunstancias que desconocemos.

165 *AGHD*, Fondo Madrid, Sum. 3402, Caja 1078-7.

166 El responsable comunista del Servicio de Investigación Militar del Ejército de Extremadura, Antonio Cabrera Toba, tenía viejos lazos con Ciudad Real y algunas cuentas pendientes, que le llevaron a proponer una "segunda vuelta" de asesinatos en Ciudad Real. El espionaje que hizo de su labor el socialista Estévez Lázaro, desde su puesto en la secretaría del comisariado político, fue clave para evitarlas. Para más información sobre este asunto, ver Buitrago (2022).

167 *AGHD*, Fondo Madrid, Sum. 2600 Leg. 3409-2.

168 *AGHD*, Fondo Madrid, Sum. 180, Leg. 148/11.

169 *AGHD*, Fondo Madrid, Sum. 180, Leg. 148/11.

170 *AGHD*, Fondo Madrid, Sum. 180, Leg. 148/11.

171 *AGHD*, Fondo Madrid, Sum. 5907, Exp. 468/2

172 *AGHD*, Fondo Madrid, Sum. 2750, Leg. 4294

173 *AAPCR*, Libro de Sentencias, Tomo I de 1935, Sentencia n.º 74, Sum. n.º 262, Rollo n.º 1.514. Podría pensarse, sin que tengamos ningún tipo de prueba, que lo que contó Chico Carretero no fue algo espontáneo, sino fruto de algún tipo de acuerdo.

174 Partido Comunista, *El Pueblo Manchego*, n.º 8394, 1 de septiembre de 1936.

175 *AGHD*, Fondo Madrid, Sum. 5368. Leg. 7584.

176 *AGHD*, Fondo Madrid, Sum. 5368, Leg. 4774.

177 *Lanza*, n.º 2356, 23 de mayo de 1951.

178 En 1972 ganó un campeonato de mus disputado en el hogar del jubilado de Ciudad Real, *Lanza*, 10 de octubre de 1972

5 EPÍLOGO

Cuando el día 3 de octubre de 1934 la diputada Matilde de la Torre comunicó personalmente a los dirigentes de los comités revolucionarios de Ciudad Real y de Puertollano que esperaran un telegrama que les indicara el momento preciso en que debían iniciar la huelga que estaban organizando, ninguno de ellos podía prever las enormes consecuencias que acarrearía lo que iba a suceder en aquellos días.

Como hemos visto, el movimiento, además de ser un secreto a voces que tenía en guardia a las autoridades, estaba mal preparado, contaba con muy pocos pertrechos y con escasos recursos humanos. En toda la provincia fue un fracaso de proporciones considerables, pero creó una enorme alarma social que facilitó la reafirmación del gobierno y conllevó una terrible represión. En todas las localidades se detuvo preventivamente, sin pruebas, a cualquiera que tuviera que ver con el socialismo; durante los interrogatorios, los reos sufrieron malos tratos y se les obligó, en muchos casos, a firmar declaraciones inculpatorias; padecieron mucho tiempo de prisión preventiva y, cuando llegaron los juicios, se les condenó a penas que, si no se hubiera producido la amnistía posterior a las elecciones de febrero de 1936, les habría mantenido varias décadas en la cárcel.

El "acordaos de Asturias" se usó y se ha usado "ad nauseam" por la derecha de entonces y por la historiografía revisionista de ahora. Evidentemente, cualquier historiador serio rechaza hoy en día la idea que, justificativamente, proclamaba que la "Guerra Civil comenzó en octubre de 1934"; pero, desde luego, en las localidades pequeñas, donde todo

En la página anterior. Plaza de la Constitución (Plaza Mayor de Ciuad Real), Lucien Roisin Besnard (entre 1920 y 1939). CECLM

el mundo se conocía, la coerción de lo ocurrido entonces abrió un círculo de violencia vengativa, que tuvo su continuación en los primeros meses de la Guerra Civil y su epílogo, durante el primer franquismo.

Este círculo de violencia se puede documentar en toda la provincia y nosotros hemos tratado de ejemplificarlo con lo ocurrido en la capital, donde, tras la explosión que se produjo en el Puente de Hierro sobre el río Guadiana y las discretas algaradas callejeras que controló fácilmente la policía, fue clausurada la Casa del Pueblo y se practicó la detención, hasta que se dio con los auténticos responsables, de más de veinte personas a las que, tan solo, se les imputaba el hecho de que el rumor público los situaba como simpatizantes de las Juventudes Socialistas. Cuando, tras las declaraciones de Chico Carretero, empezaron a ser detenidos los inductores y los autores de los hechos, las palizas consiguieron que la policía fuera cerrando la trama, aunque los presos aguantaron dignamente y el juez militar, Ricardo Escribano, nunca llegó a conocer los detalles reales de la organización de la huelga.

En los dos juicios, que se celebraron en febrero y marzo de 1935, se vieron implicadas veintiuna personas y ocho de ellas fueron condenadas a durísimas penas que oscilaron entre los 10 y los 25 años. La amnistía de febrero de 1936 les devolvió la libertad y permitió que varios de ellos, envueltos en un gran prestigio social, ocuparan los máximos puestos de representatividad y responsabilidad política en sus organizaciones. En esa situación les sorprendió el golpe de Estado de julio y ellos, dispuestos a la acción, fueron los que integraron los comités que, en un primer momento, lograron mantener la legalidad republicana en la capital hasta agosto y que, después, se encargaron de llevar a cabo una profilaxis social revolucionaria hasta los últimos días de diciembre. Ese fue el primer capítulo de la crónica de una venganza. En un momento en el que el otro, el contrario, el rival político, se había deshumanizado por completo, se buscó a las diez personas que se pensaba que, de una u otra manera, habían participado en la represión de la huelga revolucionaria de octubre de 1934 y, aunque dos consiguieron esconderse con éxito, los otros ocho fueron ejecutados.

El siguiente capítulo se escribió pormenorizadamente cuando, terminada la guerra, la justicia franquista retrotrajo la restitución de los agravios a lo que ellos llamaron "la revolución de octubre". De los veintiún procesados, juzgados en 1935 como responsables de aquellos hechos, si descontamos los desaparecidos, los que se habían marchado a otras ciudades y los que habían conseguido exiliarse, los tribunales de Franco juzgaron a once, de los que ocho fueron ejecutados y tres, condenados a penas de 30 años.

Una pequeña bomba que explosionó en la vía férrea sin ocasionar daños graves y algún pequeño altercado en las calles provocaron, con el tiempo, la muerte de dieciséis ciudadrealeños y sumió en la desdicha de la pérdida y el presidio a numerosas familias de la ciudad. En realidad, la "revolución mejor preparada de Europa" fue, en casi todos los sitios –quizá con la excepción de Asturias–, una chapuza que tan solo sirvió para sembrar inquinas que, en cuanto se tuvo ocasión, se resarcieron vengativamente desde la impunidad de los que ostentaron el poder en cada momento.

Unos y otros, en esos pocos años, pasaron de víctimas a verdugos y de verdugos a víctimas en aquel ambiente de revancha que lo inundó todo; y especialmente en las ciudades pequeñas, no se trató ya de hacer política para cambiar con ella el mundo, sino de purgar al vecino de forma consciente.

Vista aérea del centro de Ciudad Real en 1927. CECLM

Fotografía original conservada en la Casa del Pueblo de Abenójar

Fila inferior de izquierda a derecha:
   Nicolás González Navas, Bonifacio Ángel Cepeda García, sin identificar, Daniel Sánchez Vizcaíno, Carlos García Benito, Calixto Pintor Marín, Buenaventura Pintor Marín, sin Identificar.

Fila central de izquierda a derecha:
   Crescencio Sánchez-Ballesteros Ruiz de Lerma, José Áureo Estévez Lázaro, Tomás Martínez Bravo, Antonio Cañizares Peñalva, Ceferino Lapeira la Cruz, Octavio Carrasco Martínez, sin identificar, Gregorio Mancha Rodríguez.

Fila superior, todos de pie, de izquierda a derecha:
José Cardos Infantes, Vicente Fernández-Calvillo Gigante, Cástulo Carrasco Martínez, Clodoaldo Barrios Roca, Julio Guzmán Izquierdo (con boina), Antonio Cano Murillo, Rafael Aceña Torres, César Romero Sánchez-Herrera, Fernando Piñuela Romero, Benigno Cardeñoso Negretti, sin identificar (atrás), sin identificar (atrás), Felipe Terol Lois (con un puro en la mano), Agustín Zamorano Díaz-Miguel, Julián Chico Carretero, Bruno Mancha Rodríguez (el más alto), sin identificar, Casto Muñoz Castillo (detrás), Salvador Soria Martín, Atilano Arriaga Santos, Diego Arriaga Santos, sin identificar (el último a la derecha que, prácticamente, no aparece en la imagen).

Fotomontaje con los 21 presos de Ciudad Real a partir de la fotografía original conservada en la Casa del Pueblo de Abenójar. José Luis Sobrino Pérez

Fila inferior, de izquierda a derecha:
    Bonifacio Ángel Cepeda García, Daniel Sánchez Vizcaíno, Carlos García Benito, Calixto Pintor Marín, Buenaventura Pintor Marín.

Fila central, de izquierda a derecha:
José Áureo Estévez Lázaro, Tomás Martínez Bravo, Crescencio Sánchez-Ballesteros Ruiz de Lerma, Ceferino Lapeira la Cruz, Octavio Carrasco Martínez.

Fila superior, todos de pie, de izquierda a derecha:
Clodoaldo Barrios Roca, Antonio Cano Murillo, Rafael Aceña Torres, César Romero Sánchez-Herrera, Fernando Piñuela Romero, Benigno Cardeñoso Negretti, Cástulo Carrasco Martínez, Felipe Terol Lois, Agustín Zamorano Díaz-Miguel, Julián Chico Carretero, Vicente Fernández-Calvillo Gigante.

Rafael Aceña Torres

Fuentes: *CDMH*, *Causa General*, 1027 a 1033; *AHPCR*, secciones Justicia, Hacienda y Cámara Urbana; prensa citada en fuentes hemerográficas. Aunque no está plenamente constatado de manera documental, es muy probable que sea el individuo que aparece en la fotografía. Recorte de la imagen original conservada en la Casa del Pueblo de Abenójar.
Nacimiento: 1909.
Defunción: [?]

Era jornalero. Formó parte de la policía política. Fue acusado de participar en los hechos delictivos relacionados con Gregorio Daimiel Sánchez a raíz de la denuncia realizada por las hermanas de este. Según consta en un informe emitido por el Gobierno Civil en 1941, que será después copiado por el Ayuntamiento de Ciudad Real y por la Guardia Civil, fue uno de los que integraron el Comité de Salud Pública adscrito a la checa del Seminario. Al concluir la guerra, consiguió salir hacia el exilio, aunque no podemos precisar su destino.

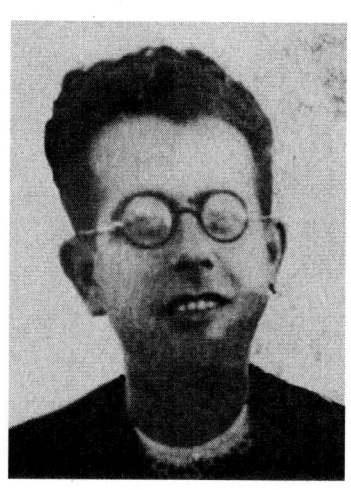

Clodoaldo Barrios Roca

Fuentes: *AGHD*, Sum. 5907, Leg. 468-2; *CDMH*, *Causa General*, 1027 a 1033; *AHPCR*, secciones Justicia, Hacienda y Cámara Urbana; prensa citada en fuentes hemerográficas. Recorte de la imagen original conservada en la Casa del Pueblo de Abenójar.
Nacimiento: 1912.
Defunción: [?]

Mientras estudiaba Magisterio, fue miembro de la Federación Universitaria Escolar (FUE) y de las Juventudes Socialistas Unificadas. Siendo ya maestro, continuó su vinculación con el Partido Socialista. Tomó parte activa en la revolución de octubre de 1934 y fue acusado, junto a Octavio Carrasco, Vicente Fernández y Daniel Sánchez Vizcaíno, de colocar una bomba en el Puente de Hierro del ferrocarril a su paso por el río Guadiana. Sería juzgado y condenado por este hecho. Durante la guerra, se convirtió en redactor de *El Pueblo Manchego*. Era un personaje muy conocido de la izquierda ciudadrealeña y, tras la guerra, fue detenido y encarcelado en la prisión de Manzanares. Una vez que se le condenó a la última pena en consejo de guerra, se le trasladó a la Prisión Provincial de Ciudad Real. La sentencia no llegaría a cumplirse.

Antonio Cano Murillo

Fuentes: *AHPCR*, Sección Cárcel, Caja 405 856; *AGHD*, Sum. 351, Leg.
3466; *CDMH*, *Causa General*, 1027 a 1033; *AHPCR*, secciones Justicia,
Hacienda y Cámara Urbana; prensa citada en fuentes hemerográficas. A la
izquierda, recorte de la imagen original conservada en la Casa del Pueblo
de Abenójar.
Nacimiento: 11 de mayo de 1902, Ciudad Real.
Defunción: [?]

Era cajista. Hermano de Tomás Cano Murillo. Estaba afiliado al Partido
Socialista y a la UGT; perteneció al Comité Revolucionario de Ciudad Real
durante la huelga de octubre de 1934, por lo que fue condenado a más de
25 años de prisión. Tras las elecciones de febrero de 1936, entró a formar
parte de la nueva gestora municipal nombrada por el gobernador civil; fue
designado concejal y quinto teniente de alcalde. En abril de 1936, fue elegido
compromisario del PSOE por Ciudad Real para la elección del nuevo presidente de la República. Se convertiría luego en presidente del Frente Popular
Local de Ciudad Real. Al estallar la guerra, ocupó numerosos cargos: fue
miembro del Comité de Defensa, se integró en la comisión depuradora de
funcionarios provinciales, actuó como jurado en los tribunales populares en
distintos periodos y fue presidente de la Diputación Provincial entre el 19 de
octubre de 1936 y el 25 de junio de 1937. Participó activamente desde su
creación, junto a Francisco Gil Pozo, en el diario *Avance*. Perteneció al SIM,

con el rango de capitán, desde que se instaló en Ciudad Real, dirigiendo la Brigada Móvil de este organismo. En la *Causa General*, es acusado por diversos testigos de participar en distintos hechos delictivos. Al acabar la Guerra Civil, consiguió salir de España desde Alicante y se exilió en Orán (Argelia), donde perteneció a la Federación Socialista de África del Norte del PSOE. Algunas circunstancias, relacionadas con su salida de España y su estancia en Orán, le enemistaron con otros dirigentes socialistas ciudadrea-leños refugiados en el norte de África. Finalmente, en 1948, pasó desde Orán a Venezuela donde se pierde su pista.

Benigno Cardeñoso Negretti

Fuentes: *AHPCR*, Sección Cárcel, Caja 405 986, Exp. 3592; *AGHD*, Sum. 3042, Caja 1078-7; *CDMH*, *Causa General*, 1027 a 1033; *AHPCR*, sec-ciones Justicia, Hacienda y Cámara Urbana; prensa citada en fuentes he-merográficas. A la derecha, recorte de la imagen original conservada en la Casa del Pueblo de Abenójar.
Nacimiento: 25 de mayo de 1895, Cabezarados (Ciudad Real).
Defunción: 17 de noviembre de1939, Ciudad Real.

Estaba domiciliado en la calle Cardenal Monescillo, n.º 4. Pertenecía al Par-tido Socialista desde 1926 y también a la UGT. Fue, además, corresponsal de *El Socialista* en Ciudad Real. De gran influencia en la zona de Puertollano,

fue secretario del Sindicato Minero de esa localidad, hasta que dimitió para aceptar el cargo de secretario provincial de la Federación Nacional de Trabajadores de la Tierra de Ciudad Real. Se presentó a las elecciones de 1933, pero no fue elegido. Más tarde, participó activamente en la organización de la huelga de trabajadores del campo, de junio de 1934, y en la huelga revolucionaria de octubre de ese mismo año, por lo que fue condenado a 8 años de prisión. Tras la victoria en las elecciones de febrero de 1936 y la amnistía, participó como secretario de los "Trabajadores de la Tierra", en colaboración con el instituto de Reforma Agraria, en la reorganización de la propiedad rural. En abril de 1936, fue elegido compromisario del PSOE por Ciudad Real para la elección del presidente de la República. Tras el golpe de Estado, organizó y dirigió la milicia que, en los primeros días tras la sublevación, se movilizó a Miajadas y que resultó un estrepitoso fracaso. También fue fundador del batallón "Adelante". Animó después a la confiscación de propiedades rústicas para trabajarlas de forma colectiva. En 1938, volvió al frente como comisario político. Llegó detenido a Ciudad Real el 5 de julio de 1939; había sido localizado por agentes enviados a Alicante en el Castillo de San Fernando de esa ciudad, donde había quedado recluido tras ser apresado en el puerto. Inmediatamente, se le incoó proceso sumarísimo, en el que fue acusado de su pertenencia política y de participar en numerosos hechos delictivos. Se celebró consejo de guerra contra él el 21 de agosto de 1939 y resultó condenado a muerte. Fue ejecutado el 17 de noviembre de 1939.

Cástulo Carrasco Martínez

Fuentes: *AGHD*, Sum. 2750, Leg. 4294; *CDMH, Causa General*, 1027a 1033; *AHPCR*, secciones Justicia, Hacienda y Cámara Urbana; prensa citada en fuentes hemerográficas. Recorte de la imagen original conservada en la Casa del Pueblo de Abenójar.
Nacimiento: 1909, Terrinches, (Ciudad Real).
Defunción: [?]

Era escribiente y periodista. Estaba domiciliado en la calle Sauco Díez (Mata), n.º 8, y pertenecía a las JSU y al Partido Socialista. Hijo de Antonio Carrasco Jiménez y hermano de Clinio, Octavio y Tarsilia Carrasco. Fue condenado a 4 años de prisión por su participación en los sucesos ocurridos durante la huelga revolucionaria de 1934. Tras la amnistía que supuso la victoria de las elecciones de febrero de 1936, se trasladó a Madrid, donde trabajó en las oficinas de la Federación de Trabajadores de la Tierra, y escribió artículos en *El Socialista*, *Renovación* y *Claridad*. En el transcurso de la guerra fue nombrado comisario político. Llegó a ser redactor jefe de *Frente* y resultó elegido, poco antes del final del conflicto, vocal de la comisión ejecutiva de las Juventudes Socialistas. Fue detenido en Cáceres, sometido a proceso sumarísimo y condenado a 30 años de prisión. Salió en libertad el 25 de diciembre de 1943.

Octavio Carrasco Martínez

Fuentes: *AGHD*, Sum. 840, Leg. 2248; *CDMH, Causa General*, 1027 a 1033; *AHPCR*, secciones Justicia, Hacienda y Cámara Urbana; prensa citada en fuentes hemerográficas. A la izquierda, recorte de la imagen original conservada en la Casa del Pueblo de Abenójar.
Nacimiento: 1913.
Defunción: 19 de junio de 1939, Ciudad Real.

Era chófer de la Diputación Provincial y estaba domiciliado en la calle Sauco Díez (Mata), n.º 8. Hijo de Antonio Carrasco Jiménez y hermano de Cástulo, Clinio y Tarsilia Carrasco. Era miembro de las Juventudes Socialistas, desde 1933, y del Partido Socialista, desde 1936. Participó activamente en los sucesos de octubre de 1934, siendo uno de los que colocó una bomba en el puente del ferrocarril sobre el río Guadiana. Fue detenido por estos hechos, primero, el 6 de octubre y, después, el 13 del mismo mes. En su detención participó el agente de policía Gregorio Daimiel Sánchez. Fue condenado a 19 años de prisión, pena de la fue amnistiado tras las elecciones de febrero de 1936. Durante la guerra, actuó como jurado en el Tribunal Popular, en representación de las Juventudes Unificadas, desde el 7 de septiembre de 1936 hasta junio de 1937, y participó en incautaciones de diversos domicilios. En junio de 1937, se marchó al frente y formó parte del 4.º Batallón de Automóviles, destino en el que permaneció hasta acabar el conflicto. Tras la guerra, fue detenido y sometido a proceso sumarísimo. Su principal acusación fue la de actuar personalmente en el asesinato de Gregorio Daimiel, imputación que Octavio reconoció como cierta en sus declaraciones. El consejo de guerra que le juzgó le condenó a muerte y fue ejecutado el 19 de junio de 1939.

Bonifacio Ángel Cepeda García

Fuentes: *AHPCR*, Sección Cárcel, Caja 406 517, Exp. 9185; *AGHD*, Sum. 5369, Leg. 4774; *AGHD*, Sum. 5368, Leg. 7584; *CDMH*, *Causa General*, 1027 a 1033; *AHPCR*, secciones Justicia, Hacienda y Cámara Urbana; prensa citada en fuentes hemerográficas. Aunque no está plenamente constatado de manera documental, es muy probable que sea el individuo que aparece en la fotografía. Recorte de la imagen original conservada en la Casa del Pueblo de Abenójar.
Nacimiento: 1910, Ciudad Real.
Defunción: [?]

Era pintor y estaba domiciliado en la calle Zarza. Era hermano de Domingo Cepeda García —el Ruso— y de Rafaela Cepeda García —la Cepedilla—. Tras los sucesos de octubre de 1934, fue detenido y acusado de tenencia de armas y explosivos; finalmente, fue condenado a cuatro meses de prisión, por tenencia ilícita, en el juicio celebrado en febrero de 1935. Quedó inmediatamente en libertad y, desde ese momento, desconocemos las actividades que pudo realizar. A lo largo de la guerra se pierde su pista y no tenemos de él ninguna referencia documental.

Julián Chico Carretero

Fuentes: *AHPCR*, Sección Cárcel, Caja 406 517, Exp. 9185; *AGHD*, Sum. 5369, Leg. 4774; *AGHD*, Sum. 5368, Leg. 7584; *CDMH, Causa General*, 1027 a 1033; *AHPCR*, secciones Justicia, Hacienda y Cámara Urbana; prensa citada en fuentes hemerográficas. Aunque no está plenamente constatado de manera documental, es muy probable que sea el individuo que aparece en la fotografía. Recorte de la imagen original conservada en la Casa del Pueblo de Abenójar.
Nacimiento: 1902, Alcolea de Calatrava (Ciudad Real).
Defunción: [?]

Era maquinista de obras públicas y vivía en la calle Mata, n.º 34. Pertenecía al Partido Comunista. Por los sucesos de octubre de 1934, fue encarcelado el 14 de octubre de dicho mes y permaneció en la Prisión Provincial de Ciudad Real hasta el 2 de mayo de 1935, fecha en que salió conducido a la prisión de Chinchilla, para cumplir lo que le quedaba de la pena que le fue impuesta. Al estallar la guerra, fue miembro del Comité del Frente Popular y actuó como jurado en el Tribunal Popular en representación de su partido. Al finalizar la guerra, fue detenido en Madrid el día 13 de julio e ingresó en la Provincial de Ciudad Real el 16 de octubre de 1939. Asistió a consejo de guerra el 6 de marzo de 1941 y, tras ser acusado de diversos hechos delicti-vos, fue condenado a muerte. Esta pena le sería conmutada por la de 30 años el 2 de agosto de 1941 y sería conducido a Pamplona. En 1951 consta ya su presencia en libertad en Ciudad Real.

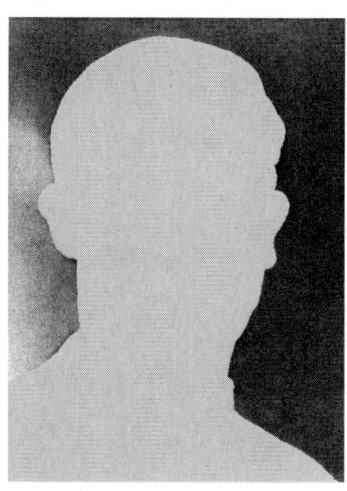

Gregorio Daimiel Sánchez

Fuentes: *CDMH, Causa General*, 1027 a 1033; *AHPCR*, secciones Justicia, Hacienda y Cámara Urbana; prensa citada en fuentes hemerográficas.
Nacimiento: 1902.
Defunción: 17 de diciembre de 1936, Carrión de Calatrava (Ciudad Real).

Era agente de policía en la Comisaría de Investigación y Vigilancia desde 1932. Estaba domiciliado en la calle Corazón de María, n.º 19. Se ocupó activamente de la investigación de los sucesos acaecidos en la capital durante la huelga de octubre de 1934; también fue uno de los agentes que detuvo a los implicados en la colocación de bombas en la vía férrea entre Madrid y Ciudad Real. Tras la sublevación, Gregorio fue detenido el 10 de agosto de 1936 y sus compañeros de la comisaría, para mantener su seguridad, intentaron retenerlo allí. Lo consiguieron hasta el 23 de octubre, fecha en que fue trasladado a la Prisión Provincial. El 17 de diciembre fue extraído de esa institución, con la excusa de ponerlo en libertad, trasladado al cementerio de Carrión de Calatrava y ejecutado. Octavio Carrasco, uno de los detenidos por él en 1934, reconoció que lo asesinó para vengarse por lo que le había hecho padecer durante los interrogatorios.

José María Escobar Cuevas

Fuentes: *AHPCR*, Sección Cárcel, Caja 405 863; *CDMH*, *Causa General*, 1027 a 1033; *AHPCR*, secciones Justicia, Hacienda y Cámara Urbana; prensa citada en fuentes hemerográficas.
Nacimiento: 1903.
Defunción: 22 de octubre de 1936, Carrión de Calatrava (Ciudad Real).

Era abogado y oficial 1.º de Telégrafos. Hermano de Vicente Escobar Cuevas, estaba casado con Josefa Bonilla de Mingo. Era secretario de los "Padres de Familia" de Acción Católica. Fue detenido por primera vez el 18 de septiembre, según un informe del Comité de Defensa, por su actuación durante los sucesos de octubre de 1934. El Juzgado Especial de la Rebelión Militar celebró juicio en su contra el 1 de octubre de 1936. Sería puesto en libertad el 21 de octubre, pero fue detenido otra vez al día siguiente y, a pesar de los intentos de su familia por ponerlo nuevamente en libertad, fue asesinado ese mismo día en Carrión de Calatrava.

Ricardo Escribano Aguado

Fuentes: *CDMH, Causa General*, 1027 a 1033; *AHPCR*, secciones Justicia, Hacienda y Cámara Urbana; prensa citada en fuentes hemerográficas.
Nacimiento: 1897.
Defunción: 23 de octubre de 1936, Manzanares (Ciudad Real).

Era capitán de infantería y estaba destinado en la Caja de Reclutas de Ciudad Real. Actuó como juez militar en el proceso que se abrió por los sucesos ocurridos en octubre de 1934. Estaba casado con María Victoria Ruiz Álvarez y domiciliado en la calle Ciruela, n.º 12. Fue detenido por orden del Comité de Defensa en los primeros momentos tras el alzamiento, con el argumento de que era capitán de infantería. Fue sometido a juicio por el Juzgado Especial de la Rebelión Militar el 25 de septiembre de 1936. Encarcelado en la Prisión Provincial, fue extraído de esta el 22 de octubre, con la excusa de unas diligencias, y asesinado la madrugada del 22 al 23 de octubre en Manzanares. Curiosamente, consta que se celebró en su contra el proceso n.º 34 del Juzgado de Urgencia, de fecha 23 de diciembre de 1936, en el que se indicaba que quedó en libertad, cuando en realidad llevaba dos meses fallecido.

José Áureo Estévez Lázaro

Fuentes: AGHD, Sum. 6093, Leg. 5759; CDMH, Causa General, 1027 a
1033; AHPCR, secciones Justicia, Hacienda y Cámara Urbana; prensa
citada en fuentes hemerográficas. Aunque no está plenamente constatado
de manera documental, es muy probable que sea el individuo que aparece
en la fotografía. Recorte de la imagen original conservada en la Casa del
Pueblo de Abenójar.
Nacimiento: 1907.
Defunción: 17 de julio de 1940, Ciudad Real.

Era funcionario de la Diputación. En 1931 era el presidente de las Juventudes
Socialistas. Pertenecía también al Partido Socialista y poseía el carnet n.º 18 de
la organización de la capital. Ostentó diversos cargos en el mismo y fue su vi-
cesecretario en 1932. En 1934 se le procesó, al ser acusado de participar en los
sucesos de octubre, pero finalmente fue absuelto. Era el presidente del Sindicato de Funcionarios Provinciales adscrito a la UGT y, como tal, formó parte
de la comisión que se encargó de la depuración de funcionarios provinciales
en 1936. Movilizado, alcanzó el grado de teniente de milicias y fue comisario
político. Le unía una gran relación con Antonio Cano Murillo y actuó en el
SIM. Tras la guerra fue detenido y sometido a proceso sumarísimo, en el que
se le acusó de diversos hechos delictivos. Acudió a consejo de guerra el 3 de
junio de 1940, fue condenado a muerte y se le ejecutó el 17 de julio.

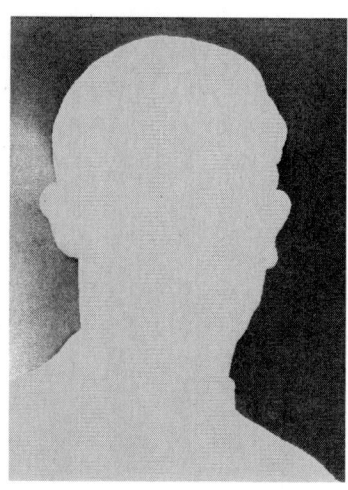

José Expósito Bolaños, el Mellao

Fuentes: CDMH, Causa General, 1027 a 1033; AHPCR, secciones Justicia, Hacienda y Cámara Urbana; prensa citada en fuentes hemerográficas.
Nacimiento: 1901.
Defunción: 6 de noviembre de 1936, Ciudad Real.

Era albañil y vivía en la calle Calatrava, n.º 28. Estaba casado con Joaquina Nieto Fernández. Fue uno de los principales delatores de los implicados en la fabricación y colocación de las bombas en la vía férrea en octubre de 1934. Terminó por afiliarse a Falange Española. Fue detenido el 6 de noviembre de 1936 y asesinado ese día en Peralvillo.

Vicente Fernández-Calvillo Gigante, Papachín y el Dormilón

Fuentes: *AHPCR*, Sección Cárcel, Caja 406 546, Exp. 10 866; *AGHD*, Sum. 180, Caja 148-11; *CDMH*, Causa General, 1027 a 1033; *AHPCR*, secciones Justicia, Hacienda y Cámara Urbana; prensa citada en fuentes hemerográficas. Aunque no está plenamente constatado de manera documental, es muy probable que sea el individuo que aparece en la fotografía. Recorte de la imagen original conservada en la Casa del Pueblo de Abenójar.
Nacimiento: 1914, Daimiel.
Defunción: 26 de marzo de 1943, Ciudad Real.

Era agricultor y estaba domiciliado en la barriada de la fábrica de abonos. Estaba afiliado al Partido Socialista. En los sucesos de octubre de 1934, se le encontraron explosivos en su domicilio y fue condenado a 19 años de prisión. Se afilió al Sindicato de Trabajadores de la Tierra en abril de 1936 y, en julio, fue nombrado secretario de la directiva del sindicato, cargo en el que se mantuvo hasta marzo de 1937, que fue cuando se incorporó al ejército. Al finalizar la guerra estuvo en zona nacional, prisionero en un batallón de trabajadores, hasta que fue puesto en libertad. Volvió a Ciudad Real, donde fue nuevamente detenido el 11 de diciembre de 1941, tras declarar contra él un antiguo correligionario. Fue sometido a proceso sumarísimo y asistió a consejo de guerra el 3 de marzo de 1943, en el que resultó condenado a muerte. Fue ejecutado el día 26 de ese mes.

Carlos García Benito

Fuentes: *AGHD*, Sum. 463, Caja 2932-8; *AGHD*, Sum. 2415, Leg. 6193; *CDMH*, Causa General, 1027 a 1033; *AHPCR*, secciones Justicia, Hacienda y Cámara Urbana; prensa citada en fuentes hemerográficas. Aunque no está plenamente constatado de manera documental, es muy probable que sea el individuo que aparece en la fotografía. Recorte de la imagen original conservada en la Casa del Pueblo de Abenójar.
Nacimiento: 1899, Navahondilla (Ávila).
Defunción: 11 de septiembre de 1940, Ciudad Real.

Era oficial del Catastro de Rústica. En 1931, siendo empleado de hacienda en Madrid, se afilió a la UGT y al Partido Socialista. En 1934, estando ya en Ciudad Real, se vio implicado en los hechos derivados de la huelga revolucionaria de octubre. En el verano de 1935 fue trasladado a Soria, donde, en enero de 1936, fue designado, aunque no resultaría elegido, para representar al Partido Socialista de aquella circunscripción en las elecciones generales de febrero.

El alzamiento le sorprendió en Madrid. Cuando regresó a Ciudad Real, el 4 de enero de 1937, fue nombrado Delegado de Hacienda de la provincia y se instaló junto a su esposa, Ángeles Carrión Flores, y sus cinco hijos, en una vivienda de la calle Alfonso X, n.º 22. Desde ese momento, además de su cargo, asumió otras responsabilidades políticas: formó parte del comité local del Frente Popular y, en 1938, del Tribunal Especial de Guardia. Asimismo, fue presidente del Socorro Rojo internacional, secretario provincial y local del Partido Socialista, y escribió regularmente en *Avance*. Junto a Calixto

Pintor Marín, representaba una opción moderada del socialismo, por lo que se opuso vehementemente a la "segunda vuelta" de asesinatos que propuso Cabrera, tras su llegada a la capital, como responsable del SIM.

Al finalizar la guerra, fue detenido por agentes de policía el 17 de abril en su domicilio y se le abrió un proceso sumarísimo. Asistió a consejo de guerra el 21 de agosto y fue condenado a muerte. Desde la jefatura del Estado se recomendó la revisión de su proceso, para concederle un posible indulto de la pena de muerte por la inferior en grado; pero, a pesar de las numerosas pruebas aportadas por el entorno de García Benito sobre su actuación, el tribunal decidió asumir la postura del fiscal, cuando manifestó que "... es cierto que se trata de un político socialista cuya responsabilidad no consiste en la participación directa y material en delitos de sangre, pero que fue tan grande la transcendencia que tuvieron las actuaciones continuadamente directivas, que queda encuadrado entre los significados responsables de una revolución prolongada y sangrienta y que hombres así son los verdaderos responsables de la rebelión militar, porque la prepararon, y contribuyeron a la larga duración que tuvo...". Sería ejecutado el 11 de septiembre de 1940. En 1941, el Banco Español de Crédito señaló que tenía en la entidad una cuenta por valor de 232,60 pesetas.

Ceferino Lapeira la Cruz

Fuentes: *CDMH, Causa General*, 1027 a 1033; *AHPCR*, secciones Justicia, Hacienda y Cámara Urbana; prensa citada en fuentes hemerográficas. Aunque no está plenamente constatado de manera documental, es muy probable que sea el individuo que aparece en la fotografía. Recorte de la imagen original conservada en la Casa del Pueblo de Abenójar.
Nacimiento: 1915, Huesca.
Defunción: [?]

Era miembro del Partido Comunista. Participó activamente en los sucesos de octubre de 1934 y fue condenado, en los juicios que se celebraron, a una pena de 10 años por el transporte de explosivos y a otra, de dos años más, por tenencia ilícita de armas. Tras la amnistía de febrero de 1936, volvió a la ciudad, pero durante la guerra se pierde su pista, sin que vuelva a ser mencionado en las fuentes.

Tomás Martínez Bravo

Fuentes: *CDMH*, *Causa General*, 1027 a 1033; *AHPCR*, secciones Justicia, Hacienda y Cámara Urbana; prensa citada en fuentes hemerográficas. A la derecha, recorte de la imagen original conservada en la Casa del Pueblo de Abenójar.
Nacimiento: 1902, Ciudad Real.
Defunción: 1936, Granada.

Era tipógrafo y encuadernador, así como un militante histórico del socialismo ciudadrealeño. Fue el fundador de la sección mixta de Artes Gráficas de Ciudad Real. Por ser un líder socialista destacado, fue detenido como consecuencia de los sucesos de octubre de 1934; sin embargo, al celebrarse los juicios, resultó absuelto. Después de eso, encontró muchas dificultades para encontrar trabajo en Ciudad Real, por lo que decidió trasladarse a Granada. Allí se convirtió en secretario de la Federación de Trabajadores de la Tierra de la UGT. Pocos días después de producirse la sublevación franquista, fue detenido en Granada y ejecutado.

Críspulo Morales Pavón, Si lo sé

Fuentes: *CDMH, Causa General,* 1027 a 1033; *AHPCR,* secciones Justicia, Hacienda y Cámara Urbana; prensa citada en fuentes hemerográficas.
Nacimiento: 1884.
Defunción: 18 de agosto de 1936, Ciudad Real.

Era abogado y consiguió una considerable fortuna especulando en bolsa. Poseía varios puestos en el mercado y era propietario de diversos inmuebles en la ciudad. También construyó en uno de sus terrenos, en la calle Calatrava, la fábrica de hielo Siberia. Vivía en esa misma calle, en el n.º 54, y estaba casado con Joaquina Párraga Zarco. Era militante en partidos de derechas y fue concejal en diversos ayuntamientos republicanos de la capital. Por diversas circunstancias, fue conocedor de la trama que sustentó los sucesos ocurridos en la huelga revolucionaria de octubre de 1934 en Ciudad Real, y la puso inmediatamente en conocimiento de la policía, lo que supuso el inicio de la detención de los implicados. Tras la sublevación, fue detenido el 18 de agosto de 1936 y ejecutado a la salida de Ciudad Real, en dirección a Carrión de Calatrava, a la altura del puente del ferrocarril.

Buenaventura Pintor Marín

Fuentes: *AHPCR*, Sección Cárcel, Caja 405 895; *AGHD*, Sum. 2208, Leg. 5779; *CDMH*, Causa General, 1027 a 1033; *AHPCR*, secciones Justicia, Hacienda y Cámara Urbana; prensa citada en fuentes hemerográficas. Recorte de la imagen original conservada en la Casa del Pueblo de Abenójar.
Nacimiento: 1904, Ciudad Real.
Defunción: [?]

Era maestro y hermano de Calixto Pintor Marín. Era militante del Partido Socialista y ostentó diversos cargos en la UGT. Actuó en la huelga revolucionaria de octubre de 1934 y fue detenido, juzgado en los juicios que se celebraron en el primer trimestre de 1935 y condenado a más de dos años de prisión. Fue uno de los integrantes del Comité de Defensa que actuó en la capital.

Durante la guerra también se ocupó de la organización de milicias para luchar en el frente; además fue redactor y administrador del diario marxista *Avance*. Actuó como jurado en el Tribunal Popular, en representación de la Federación Socialista Provincial, entre octubre de 1937 y febrero de 1938. Fue miembro del SIM, con el rango de capitán, y tuvo a su cargo las secciones de personal y subalternos. Cuando el final de la guerra era inminente, se trasladó a Alicante y consiguió embarcar en el Stanbrook.

Tras un periodo en Orán, en agosto de 1940, fue enviado al Marruecos francés para formar parte de un regimiento de trabajadores extranjeros y, en el campo de Bouarfa, en la actual provincia de Figuig, trabajar forzadamente en la construcción del ferrocarril transahariano. Cuando, a finales de 1942, los campos fueron liberados, Buenaventura permaneció en el norte de África, residió en Colomb-Béchar y ocupó cargos de representatividad en el PSOE de esa localidad. A principios de los años sesenta se marchó a Marruecos, concretamente a la ciudad de Uchda, y muy poco después, en 1964, definitivamente a París.

Calixto Pintor Marín

Fuentes: *AGHD*, Sum. 371, Caja 3548-5; *AGHD*, Sum. 1123, Leg. 3791; *CDMH*, Causa General, 1027 a 1033; *AHPCR*, secciones Justicia, Hacienda y Cámara Urbana; prensa citada en fuentes hemerográficas. A la derecha, recorte de la imagen original conservada en la Casa del Pueblo de Abenójar.
Nacimiento: 1902, Ciudad Real.
Defunción: 24 de julio de 1940, Ciudad Real.

Era mecánico y chófer. Hermano de Buenaventura Pintor Marín y amigo íntimo de José Maestro San José. Estaba casado con Magdalena Huete Gómez del Pulgar y domiciliado en el barrio de las Casas Baratas. Era miembro del Partido Socialista, vicepresidente de la asociación de chóferes y vicepresidente del Sindicato de Transportes adscrito a la UGT. En 1931, resultó elegido concejal en las elecciones municipales de abril. Fue uno de los organizadores de la trama de la huelga revolucionaria de octubre de 1934 en Ciudad Real, por lo que, tras ser detenido, fue condenado a 20 años de cárcel.

En febrero de 1936, se convirtió de nuevo en concejal por el Frente Popular. En abril de ese año, participó como compromisario del PSOE por Ciudad Real, para la elección del nuevo presidente de la República (Manuel Azaña). Fue secretario de la Federación Socialista Provincial. En las primeras semanas de la guerra viajó como chófer del gobernador de Ciudad Real al frente de Miajadas. Formó parte de la comisión que se ocupó de la incautación de las líneas de autobuses de Juan Antonio Solís Huéscar. Fue también miembro del Comité de Defensa y del subcomité de gobernación. Fue diputado provincial. Formó parte en 1938 del comité provincial del Frente Popular y se destacó por su oposición a que se realizara la conocida como "segunda vuelta" contra los vecinos de derechas. Evitó su movilización aceptando el cargo de capitán en el SIM. Fue alcalde de Ciudad Real desde el 14 de enero de 1937 hasta el 8 de febrero de 1939. Entonces tuvo que abandonar su cargo para irse irremediablemente al frente; pero fue inmediatamente desmovilizado y pasó a formar parte del Tribunal Especial de Guardia, donde actuó como vocal en diversos procesos sobre subsistencias.

Cuando las tropas franquistas entraron en Ciudad Real, él aún estaba en la capital y decidió esconderse en algún lugar cercano a la plaza del Carmen, mientras organizaba su salida de la ciudad. La policía conoció sus intenciones y supo que su huida estaba programada para la noche del 22 de abril, por lo que montó un dispositivo que concluyó con su localización y detención en la calle de la Zarza. En un primer proceso sumarísimo, que concluyó con el consejo de guerra celebrado el 21 de agosto de 1939, resultó condenado a muerte, pero la pena le fue conmutada de inmediato por la de 30 años. Al ver que no era ejecutado, diversas personas volvieron a denunciarlo y se abrió contra él un nuevo expediente, que concluiría el 3 de junio de 1940 en un consejo de guerra, donde se le condenó, definitivamente, a muerte. Sería ejecutado el 24 de julio de 1940.

Fernando Piñuela Romero

Fuentes: *AHPCR*, Sección Cárcel, Caja 405896. *CDMH*, Causa General, 1027 a 1033; *AHPCR*, secciones Justicia, Hacienda y Cámara Urbana; prensa citada en fuentes hemerográficas. A la derecha, recorte de la imagen original conservada en la Casa del Pueblo de Abenójar.
Nacimiento: 1897, Murcia.
Defunción: 7 de noviembre de 1939, Murcia.

Estudió Magisterio en Murcia y en la Escuela Superior de Magisterio de Madrid. También estudio Derecho y se licenció en 1920. Fue catedrático numerario de Gramática y Literatura en Huesca, Burgos y Ciudad Real. Se presentó a las elecciones municipales de 1931 y fue el primer alcalde republicano de Ciudad Real. Fue elegido diputado del PSOE por Ciudad Real en las elecciones de 1931, por lo que renunció a su cargo de alcalde de la capital y, aunque después volvió a presentarse en 1933, ya no resultó elegido. Se le encargó la organización de la trama revolucionaria de octubre de 1934 en Ciudad Real; pero, ante su inacción, se le relevó de esa responsabilidad. Fue detenido por los sucesos que se produjeron en aquellas fechas y, tras ser sometido a juicio, fue absuelto. En junio de 1935, se trasladó a Murcia, como catedrático de Metodología de la Historia en la Escuela Normal. En 1936, se convirtió en alcalde de Murcia y se mantuvo en el cargo hasta principios de 1938, momento en el que se trasladó a Madrid, al ser nombrado comisario inspector del Ejército del Centro. A punto de finalizar la guerra, se le nombró comisario general del

Ejército del Centro. Al finalizar la Guerra Civil, fue detenido en Elche y, tras ser trasladado a Murcia, se le juzgó en consejo de guerra, fue sentenciado a muerte y ejecutado el 7 de noviembre de 1939.

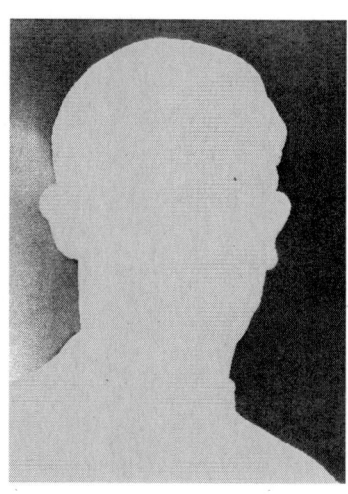

José Ramírez Rivero

Fuentes: *CDMH, Causa General,* 1027 a 1033; *AHPCR,* secciones Justicia, Hacienda y Cámara Urbana; prensa citada en fuentes hemerográficas.
Nacimiento: 1872.
Defunción: 27 de diciembre de 1936, Ciudad Real.

Era el inspector jefe de la Guardia Urbana de Ciudad Real y estaba domiciliado en la calle Río, n.º 8. Fue detenido el 27 de diciembre de 1936 y ejecutado en esa misma fecha. Cuatro días después, la comisión depuradora de personal municipal decidió jubilarlo de su cargo con el haber que le correspondiera. El 23 de septiembre de 1939, el Ayuntamiento de la capital le concedería una pensión a su viuda, Carmen Gómez Campos.

 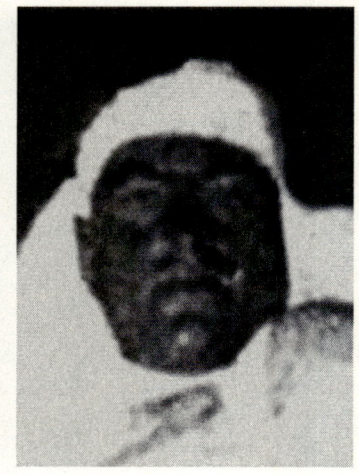

Ismael Ríos García

Fuentes: *CDMH, Causa General*, 1027 a 1033; AHPCR, secciones Justicia,
   Hacienda y Cámara Urbana; prensa citada en fuentes hemerográficas.
Nacimiento: 1891.
Defunción: 25 de septiembre de 1936, Carrión de Calatrava (Ciudad Real).

Era capitán y dirigió, en Ciudad Real, la compañía n.º 19 de los guardias de
asalto, hasta que fue destituido el 7 de marzo de 1936. Estaba casado con
Rafaela Fillol Burgos y domiciliado en la calle Olivo, n.º 3. Estuvo directamente involucrado en la investigación de todos los hechos que se produjeron como consecuencia de la huelga revolucionaria de octubre de 1934 y en
el ambiente tenso que se produjo hasta las elecciones de febrero de 1936.
Fue detenido el día 24 de septiembre y asesinado el día 25 en el cementerio
de Carrión de Calatrava.

César Romero Sánchez-Herrera

Fuentes: *AHPCR*, Sección Cárcel, Caja 405 902; *CDMH, Causa General*, 1027 a 1033; *AHPCR*, secciones Justicia, Hacienda y Cámara Urbana; prensa citada en fuentes hemerográficas. Recorte de la imagen original conservada en la Casa del Pueblo de Abenójar.
Nacimiento: 1901, Pozuelo de Calatrava (Ciudad Real).
Defunción: 25 de octubre de 1953, México D. F. (México).

Fue estudiante de Medicina, pero se ganaba la vida como representante farmacéutico del Instituto Llorente de Madrid y de los Laboratorios Cusi. Desde 1927 era miembro de la UGT y posteriormente del Partido Socialista. Era hermano de Manuel Romero, farmacéutico, y presidente de Unión Republicana en la ciudad en el momento de la sublevación. En el otoño de 1936, formó parte de la ejecutiva de su partido y estuvo muy próximo al Comité de Defensa, por lo que gozó de gran influencia en la ciudad. Durante la guerra, llegó a alcanzar el grado de comisario de División y consiguió pasar a Francia poco antes del triunfo definitivo de las tropas franquistas. Allí logró embarcarse, en julio de 1940, en el vapor Cuba, que le trasladó a México. Tras un poco tiempo en la capital, se instaló en Guadalajara (estado de Jalisco), donde se ganó la vida como representante de los Laboratorios Albamex. En 1941, el Banco Español de Crédito señaló que tenía una cuenta por valor de 196,50 en su sucursal de Ciudad Real. Falleció en el Distrito Federal de México el 25 de octubre de 1953.

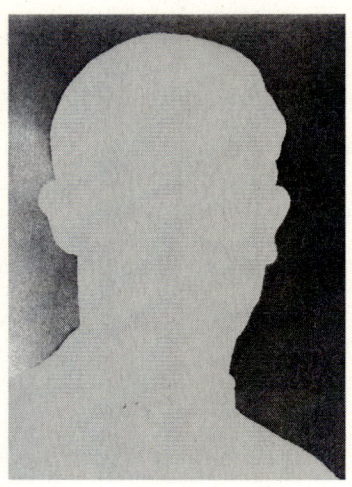

Ignacio Sánchez Cuesta

Fuentes: *CDMH*, *Causa General*, 1027 a 1033; *AHPCR*, secciones Justicia, Hacienda y Cámara Urbana; prensa citada en fuentes hemerográficas.
Nacimiento: 1894, Salamanca.
Defunción: 15 de diciembre de 1936

Era oficial de prisiones, estaba casado con Raimunda Calero Horcajo y residía en la calle Refugio, n.º 18. Ejercía su labor en la Prisión Provincial de Ciudad Real. Fue detenido el 12 de septiembre de 1936 y, aunque fue puesto en libertad poco después, volvió a ser detenido el 15 de diciembre y asesinado ese mismo día. Es muy probable que su actuación con los presos de la huelga revolucionaria de octubre de 1934 estuviera directamente relacionada con la orden de su ejecución.

Daniel Sánchez Vizcaíno

Fuentes: *CDMH, Causa General*, 1027 a 1033; *AHPCR*, secciones Justicia, Hacienda y Cámara Urbana; prensa citada en fuentes hemerográficas. Aunque no está plenamente constatado de manera documental, es muy probable que sea el individuo que aparece en la fotografía. Recorte de la imagen original conservada en la Casa del Pueblo de Abenójar.

Nacimiento: 1914, Malagón (Ciudad Real).

Defunción: [?]

Era factor de la estación de ferrocarril y miembro del Partido Comunista. Tomó parte activa en la huelga revolucionaria de octubre de 1934 y fue acusado de ser uno de los que colocó una bomba en el puente de Hierro del ferrocarril, a su paso por el río Guadiana. Fue condenado, por este hecho, a más de 17 años de prisión. Fue nombrado concejal del Ayuntamiento en la sesión municipal extraordinaria de 5 de diciembre de 1936 y mantuvo su puesto hasta julio de 1937. Durante la guerra abogó por la unidad marxista y actuó como jurado en el Tribunal Popular en representación de su partido. Tras el conflicto consiguió llegar a Francia. Allí, donde se le conocía por Roger, colaboró con la resistencia y en la reorganización del PCE desde Francia. Fue detenido en 1943 por los nazis y enviado al campo de internamiento de Tourelles, en París, pero consiguió huir con ayuda exterior y continuar con su labor en la zona de Burdeos. Tras la guerra mundial se instaló en París.

Crescencio Sánchez-Ballesteros Ruiz de Lerma

Fuentes: *AHPCR*, Sección Cárcel, Caja 405 905; *AGHD*, Sum. 3972, Leg. 6195; *CDMH*, Causa General, 1027 a 1033; *AHPCR*, secciones Justicia, Hacienda y Cámara Urbana; prensa citada en fuentes hemerográficas. A la izquierda, recorte de la imagen original conservada en la Casa del Pueblo de Abenójar.
Nacimiento: 1901, Valdepeñas (Ciudad Real).
Defunción: 16 de marzo de 1940, Ciudad Real.

Era ferroviario y estaba domiciliado en la calle Ciruela, n.º 8. Estaba casado con Antonia Sáez de la Hoz. Era uno de los miembros históricos del Partido Comunista en Ciudad Real. El 17 de junio de 1933 fue detenido, acusado de un delito de imprenta, y permaneció un mes en prisión. Volvería a ser encarcelado en 1934, como consecuencia de los sucesos ocurridos durante la huelga revolucionaria de octubre, y fue condenado, en esa ocasión, por tenencia ilícita de armas, a 4 meses de prisión, por lo que salió en libertad el 27 de marzo de 1935. Tras las elecciones de febrero, se convirtió en concejal de la capital en la sesión extraordinaria municipal de 5 de marzo de 1936. Con la sublevación, adquirió un papel muy destacado y representó a su partido en el Comité Provincial del Frente Popular, en comisiones de depuración de personal y en la dirección de la comuna Stalin. En el II Congreso Provincial del Partido Comunista, celebrado en abril de 1937, fue elegido secretario provincial de la organización. Durante la guerra fue también redactor del periódico comunista *Unión*. Cuando se produjo el golpe de

Casado, fue uno de los líderes principales de la resistencia comunista en el Palacio Rojo. Fue detenido en el Gobierno Civil el 11 de marzo de 1939, a las 02:30 de la madrugada, al darse por fracasadas las negociaciones, y se le incoó, poco después, el proceso judicial n.º 134 de 1939. Al estar imputado, las tropas franquistas lo encontrarían recluido en la Prisión Provincial e, inmediatamente, le abrieron un proceso sumarísimo, que concluyó en un consejo de guerra en el que fue condenado a muerte. Sería ejecutado el 16 de marzo de 1940.

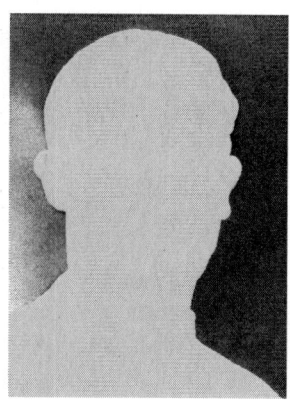

José Sánchez-Vizcaíno Holgado

Fuentes: *CDMH, Causa General*, 1027 a 1033; *AHPCR*, secciones Justicia, Hacienda y Cámara Urbana; prensa citada en fuentes hemerográficas.
Nacimiento: 1901.
Defunción: [?]

Era agente de la Comisaría de Investigación y Vigilancia de Ciudad Real. Participó activamente en la investigación y detención de los responsables de los sucesos de octubre de 1934 en Ciudad Real. El 19 de julio de 1936 detuvo en Alcázar de San Juan, como funcionario republicano, fiel a la República a pesar de sus ideas derechistas, al falangista Federico Aguirre Prado. El 23 de octubre aún se encontraba de servicio, pero fue detenido pocos días después y, una vez puesto en libertad, temeroso por su vida, se escondió y permaneció en esta situación durante toda la contienda. En 1941, continuaba siendo agente del Cuerpo de Investigación y Vigilancia en la comisaría de Ciudad Real. En 1957, era comisario de primera clase del Cuerpo General de Policía. En 1960, obtuvo el nombramiento de comisario principal y de jefe de esa institución en Ciudad Real.

Felipe Terol Lois

Fuentes: *AGHD*, Sum. 20, Leg. 2245; *CDMH, Causa General*, 1027 a 1033; AHPCR, secciones Justicia, Hacienda y Cámara Urbana; prensa citada en fuentes hemerográficas. A la izquierda, recorte de la imagen original conservada en la Casa del Pueblo de Abenójar.
Nacimiento: 1895, Madrid.
Defunción: 20 de mayo de 1939, Ciudad Real.

Era mecánico y estaba casado con Camila Solís Bellón. Era el jefe de mecánicos del Ayuntamiento, dirigente del Sindicato de Chóferes de la UGT de Ciudad Real y miembro del Partido Socialista. Implicado en la huelga revolucionaria de octubre de 1934, él fue quien realizó las bombas que se escondieron en bidones en los talleres municipales y que luego se colocaron en la vía férrea, a la altura del Puente de Hierro, sobre el río Guadiana. Fue juzgado por estos hechos y condenado a 10 años de prisión. Después de las elecciones de febrero de 1936, fue restituido en su puesto en el Ayuntamiento y, tras la sublevación, se convirtió en el jefe de transportes de Ciudad Real, por lo que asignaba los servicios a los chóferes que estaban bajo su mando. También fue el presidente de la Casa del Pueblo y tuvo presencia en la checa del Seminario. En noviembre de 1936, fue movilizado y obtuvo, el 27 de marzo de 1937, el grado de capitán de la 5.ª compañía del Batallón de Transportes Automovilístico n.º 4. Al concluir la guerra, fue detenido, junto a su esposa, el 13 de abril de 1939, tras haber sido objeto de diversas denuncias desde el día 5 de ese mismo mes. Se le instruyó rápidamente un proceso sumarísimo y, dos días después de ser detenido, asistió a consejo de guerra y fue condenado a muerte. Sería ejecutado el 20 de mayo de 1939.

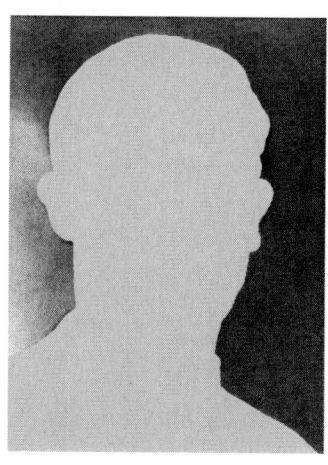

Juan Tolosa Espallargas

Fuentes: *AHPCR*, Sección Cárcel, Caja 405 910; *CDMH*, *Causa General*, 1027 a 1033; *AHPCR*, secciones Justicia, Hacienda y Cámara Urbana; prensa citada en fuentes hemerográficas.
Nacimiento: 1897, Riópar (Albacete).
Defunción: [?]

Era oficial administrativo de Correos y Telégrafos, y estaba domiciliado en la calle Rosa, n.º 2. El Comité de Defensa ordenó su detención por ser derechista y por su actuación, como empleado de Telégrafos, en la huelga revolucionaria de octubre de 1934. Fue detenido el 18 de septiembre y se celebró juicio contra él, en el Juzgado Especial de la Rebelión Militar, el 1 de octubre de 1936. Salió en libertad el 5 de noviembre de ese año. Se le incoó después el proceso n.º 17 del Jurado de Urgencia, de 11 de diciembre de 1936, en el que se le acusaba de desafección y del que fue juzgado el 22 de enero de 1937. Sería condenado en la sentencia al pago de una multa de 500 pesetas. En marzo de 1943, estaba en posesión del carnet n.º 1105 de la Hermandad de Excautivos de Ciudad Real.

Agustín Zamorano Díaz-Miguel

Fuentes: *CDMH*, *Causa General*, 1027 a 1033; *AHPCR*, secciones Justicia, Hacienda y Cámara Urbana; prensa citada en fuentes hemerográficas. Aunque no está plenamente constatado de manera documental, es muy probable que sea el individuo que aparece en la fotografía. Recorte de la imagen original conservada en la Casa del Pueblo de Abenójar.
Nacimiento: 1894, Ciudad Real.
Defunción: [?]

Trabajaba en la fábrica de electricidad de la familia Ayala y allí, tras unas calderas, escondió los paquetes de dinamita que le hicieron llegar, para ser usados en la huelga revolucionaria de octubre de 1934. Tras los sucesos ocurridos, fue detenido, procesado y condenado a cuatro años por tenencia de explosivos. Cuando se produjo la amnistía, volvió a Ciudad Real, pero su pista se pierde durante los años de la guerra.

ABREVIATURAS, FUENTES HEMEROGRÁFICAS Y BIBLIOGRAFÍA

ABREVIATURAS UTILIZADAS

AAPCR	ARCHIVO AUDIENCIA PROVINCIAL DE CIUDAD REAL
ACD	ARCHIVO DEL CONGRESO DE DIPUTADOS
AFB	ARCHIVO FAMILIA BUITRAGO
AFPI	ARCHIVO FUNDACIÓN PABLO IGLESIAS
AFNT	ARCHIVO FAMILIA NILAMÓN TORAL
AGHD	ARCHIVO GENERAL HISTÓRICO DE DEFENSA
AHGE	ARCHIVO HISTÓRICO GENARO ESTRADA
AHMCR	ARCHIVO HISTÓRICO MUNICIPAL DE CIUDAD REAL
AHPCR	ARCHIVO HISTÓRICO PROVINCIAL DE CIUDAD REAL
AV	*AVANCE*
CDMH	CENTRO DOCUMENTAL DE LA MEMORIA HISTÓRICA
CEDA	CONFEDERACIÓN ESPAÑOLA DE DERECHAS AUTÓNOMAS
CG	CAUSA GENERAL
CNT	CONFEDERACIÓN NACIONAL DEL TRABAJO
EPM	*EL PUEBLO MANCHEGO*
ES	*EL SOCIALISTA*
EXP.	EXPEDIENTE
FP	FRENTE POPULAR
IR	IZQUIERDA REPÚBLICA
Leg.	LEGAJO
PC	PARTIDO COMUNISTA
PSOE	PARTIDO SOCIALISTA OBRERO ESPAÑOL
SIM	SERVICIO DE INVESTIGACIÓN MILITAR
Sum.	SUMARIO
UGT	UNIÓN GENERAL DE TRABAJADORES
UR	UNIÓN REPUBLICANA
VM	*VIDA MANCHEGA*

FUENTES

1. ARCHIVOS
   ARCHIVO DE LA AUDIENCIA PROVINCIAL DE CIUDAD REAL
   ARCHIVO DEL CONGRESO DE DIPUTADOS
   ARCHIVO FAMILIA BUITRAGO
   ARCHIVO FAMILIA NILAMÓN TORAL
   ARCHIVO FUNDACIÓN PABLO IGLESIAS

ARCHIVO GENERAL HISTÓRICO DE DEFENSA
ARCHIVO HISTÓRICO GENARO ESTRADA
ARCHIVO HISTÓRICO MUNICIPAL DE CIUDAD REAL
ARCHIVO HISTÓRICO PROVINCIAL DE CIUDAD REAL
CENTRO DOCUMENTAL DE LA MEMORIA HISTÓRICA

2. FUENTES HEMEROGRÁFICAS

ABC, Madrid
Avance, Ciudad Real
Boletín de Información Municipal, Ciudad Real
Boletín Oficial del Estado, Madrid
Boletín Oficial de la Provincia de Ciudad Real
Diario de Lisboa
El Debate, Madrid
El Pueblo Manchego, Ciudad Real
El Socialista, Madrid
Gaceta de Madrid
Quinta Columna, Ciudad Real
Vida Manchega, Ciudad Real

BIBLIOGRAFÍA

ALÍA MIRANDA, F. (1986), *Ciudad Real durante la dictadura de Primo de Rivera*, Ciudad Real, Instituto de Estudios Manchegos.
—(1990), y SANCHO CALATRAVA, J. A., "Apuntes sobre la revolución de octubre de 1934 en Ciudad Real y su provincia", *Villa Real 1255*, n.º 1, pp. 41-54, Ciudad Real, Escuela Taller Hernán Pérez del Pulgar.
—(1994), *La Guerra Civil en retaguardia. Ciudad Real (1936-1939)*, Ciudad Real, Biblioteca de Autores Manchegos.
—(2008), (coord.): *La Guerra Civil en Castilla-La Mancha, 70 años después*, Cuenca, Universidad de Castilla-La Mancha.
—(2011), *Julio de 1936. Conspiración y alzamiento contra la Segunda República*, Barcelona, Crítica.
—(2015), (coord.): I Congreso Nacional Ciudad Real y su provincia, Ciudad Real, IEM.
—(2016), (coord.): II Congreso Nacional Ciudad Real y su provincia, Ciudad Real, IEM.
—(2017), *La Guerra Civil en Ciudad Real. Conflicto y revolución en una provincia de la retaguardia republicana*. Ciudad Real, Biblioteca de Autores Manchegos.
ÁLVAREZ TARDÍO, M. (2000), "La guerra empezó en octubre", *Revista de Libros*, n.º 45, pp. 26-27.
—(2011), "La CEDA y la democracia republicana", en F. del Rey (Dir.), pp. 341-418.

ÁLVAREZ TARDÍO, M. y VILLA GARCÍA, R. (2017), *1936. Fraude y violencia en las elecciones del Frente Popular*, Madrid, Espasa.

ARÓSTEGUI SÁNCHEZ, J. (2012, a), "Los socialistas en la Segunda República. Una victoria con alto costo", A. Viñas (ed.), pp. 155-168.

–(2012b), (coord.) "De genocidios, holocaustos, exterminios. Sobre los procesos represivos en España durante la Guerra Civil y la Dictadura.", *Hispania Nova, Revista de Historia Contemporánea*, n.º 10.

ASENSIO RUBIO, F. (2012), "Bruno Ibáñez Gálvez, de oficial de infantería a represor", *Espacio, tiempo y forma. Serie V*, UNED, Historia contemporánea, n.º 24, pp. 197-227.

BELLO LANDROVE, F. y LÓPEZ CAMARENA, M. (2010), *José Maestro San José, un gran alcalde para Ciudad Real*, Ciudad Real, Diputación Provincial.

BERMÚDEZ GARCÍA-MORENO, A. (1992), *República y Guerra Civil. Manzanares. 1931-1939*, 2 Vols., Ciudad Real, Diputación Provincial.

BUITRAGO OLIVER, J. C. (2015a), *Unos y otros. La represión republicana en Ciudad Real entre julio y diciembre de 1936*. Trabajo Fin de Máster (TFM). Fondo Universidad Castilla-La Mancha.

–(2015b), 1936: "Conspiración y sublevación en C. Real" en F. Alía Miranda (coord.) pp. 301-316.

–(2016), "La represión republicana en Ciudad Real" en F. Alía Miranda (coord.) pp. 709-727.

–(2017), "La represión del Comité de Defensa de Ciudad Real", *Memoria antifranquista. La represión franquista en Castilla-La Mancha*, Baix Llobregat, año 12, n.º 17, pp. 55-60.

–(2020), "Octubre de 1934 en la represión de guerra y posguerra en Ciudad Real", en E. Higueras Castañeda (coord.), pp. 155-168.

–(2022), *Purgar al vecino: Soberbia, codicia y venganza. La represión en una capital de provincia durante la Guerra Civil y la posguerra. Ciudad Real 1936-1944*, Toledo, Almud Ediciones.

–(2023), *De la A a la Z. Los protagonistas de una larga Guerra Civil. Ciudad Real 1936-1944*. Ciudad Real, Serendipia Editorial.

–(2024a), "Al servicio de la 'justicia': los testigos del régimen franquista en una capital de provincia (Ciudad Real)", *Memoria Democrática de Castilla-La Mancha. Una historia en construcción*, pp. 151-158.

–(2024b), "La importancia de la retaguardia para el análisis de la violencia. El ejemplo de Ciudad Real, 1936-1944", *Violencia política en Castilla-La Mancha durante la Guerra Civil y la dictadura franquista*, VII Seminario de Historia Contemporánea, Madrid, Memoria Democrática del CEPC (en prensa).

Caídos por Dios y por España de la provincia de Ciudad Real, Ciudad Real. (hacia 1940).

CARRILLO SOLARES, S. J. (2006), Memorias, Barcelona, Ed. Planeta.

CASANOVA RUIZ, J. (1999), "Rebelión y revolución" en S. Julià et al. (coord.) *Víctimas de la Guerra Civil*, Madrid, Temas de Hoy.

–(2013), *España partida en dos: Breve historia de la Guerra Civil española*, Barcelona, Crítica.

CRUZ MARTÍNEZ, R. (2009): *En el nombre del pueblo. República, rebelión y guerra en la España de 1936*, Madrid, s. XXI editores.

FERNÁNDEZ-PACHECO SÁNCHEZ-GIL, C. y MOYA GARCÍA, C. (2007), "Dos modelos de conflictividad social en Alcázar de San Juan durante la II República: La huelga de la siega y la revolución de octubre de 1934". *Tesela* n.º 23, Alcázar de San Juan, Patronato Municipal de Cultura.

　　–(2008) y MOYA GARCÍA, C. "La revolución de octubre de 1934 en la provincia de Ciudad Real", F. Alía (coord.), pp. 271-288.

GIL PECHARROMÁN, J. (2006), *Segunda República Española (1931-1936)*, Madrid, Biblioteca Nueva.

GONZÁLEZ CALLEJA, E. (2002), *Violencia Política. Perspectivas teóricas sobre el empleo deliberado de la fuerza en los conflictos de poder*, Madrid, CSIC.

　　–(2007), y SOUTO KUSTRIN, S. I. "De la Dictadura a la Republica: orígenes y auge de los movimientos juveniles en España", *Hispania. Revista Española de Historia*, Vol. 67, pp. 73-102.

　　–(2011), "La necro-lógica de la violencia sociopolítica en la primavera de 1936", *Mélanges de la Casa de Velázquez*, n.º 41, 1, pp. 37-60.

　　–(2012a), "Las Derechas", *En el combate por la historia. La República, la Guerra Civil, el franquismo*, A. Viñas (ed.), Pasado y Presente S. L. Barcelona. pp. 123-153.

　　–(2013a), "La construcción social y política del miedo en la primavera de 1936", *Bulletin d'Histoire Contemporaine de l'Espagne*, n.º 48, pp. 61-77.

　　–(2015), *Cifras cruentas. Las víctimas mortales de la violencia sociopolítica en la Segunda República española (1931-1936)*, Granada, Comares.

　　–(2016), "Los discursos catastrofistas de los líderes de la derecha y la difusión del mito del «golpe de Estado comunista»", *El Argonauta español*, n.º 13.

　　–(2017), "Tendencias y controversias de la historiografía sobre la política en la Segunda República española", *Bulletin d'Histoire Contemporaine de l'Espagne*, n.º 52, pp. 23-55.

GONZÁLEZ MADRID, D. A. (2004), *La Falange Manchega (1939-1945)*, Ciudad Real, Área de Cultura Diputación Provincial.

　　–(2007), *Los hombres de la dictadura. Personal político franquista en Castilla-La Mancha, 1939-1945*, Ciudad Real, Almud.

　　–(2007b), "Violencia republicana y violencia franquista en La Mancha de Ciudad Real. Primeros papeles sobre los casos de Alcázar de San Juan y Campo de Criptana (1936-1943), *La Guerra Civil en Castilla-La Mancha, 70 años después*, Cuenca, Universidad de Castilla-La Mancha.

　　–(2008): "El final de la Guerra Civil y la implantación de la dictadura franquista" en F. Alía Miranda et al. (coord.). *La Guerra Civil en Castilla-La Mancha, 70 años después*, Cuenca, Universidad de Castilla-La Mancha.

GUTIÉRREZ TORRES, J. (2013), "Un caso de violencia política en Daimiel: contexto y suceso del asesinato de José Ruiz De la Hermosa". *II Jornadas de Historia de Daimiel*, Ayuntamiento de Daimiel, pp. 197 -213.

HERNÁNDEZ SÁNCHEZ, F. (2021), y LÓPEZ VILLAVERDE, A. L., *Camaradas de un comité menor. Una larga Guerra Civil (1936-1947)*, Madrid, Silex Ediciones.

HIGUERAS CASTAÑEDA, E. (2020), (coord.) *El pasado que no pasa: la Guerra Civil española a los ochenta años de su finalización*, Cuenca, Ediciones de la Universidad de Castilla-La Mancha.

JAKSON, G (et al.), (1984), *Octubre 1934, 50 años para la reflexión*, Madrid, Siglo XXI, pp. 269-282.

JULIÀ DÍAZ, S. (1999), *Víctimas de la Guerra Civil*, Madrid, Temas de Hoy.

LADRÓN DE GUEVARA FLORES, M. P. (1988), "La reforma agraria de la II República: el registro de la propiedad expropiable en Ciudad Real", *I Congreso de Historia de Castilla-La Mancha, Vol. 10*, pp. 95-111, Ciudad Real, Junta de Comunidades de Castilla-La Mancha.

–(1993), *La esperanza republicana: reforma agraria y conflicto campesino en la provincia de Ciudad Real (1931-1936)*, Ciudad Real, Diputación Provincial.

LARGO CABALLERO, F. (1985), *Escritos de la República. Notas históricas de la guerra en España (1917-1940)*, Madrid, Editorial Pablo Iglesias.

LÓPEZ GARCÍA, J. (2018), (Coord.) *Para hacerte saber mil cosas nuevas. Ciudad Real 1939*, Madrid, Universidad Nacional de Educación a Distancia.

LÓPEZ VILLAVERDE, A. L. (2012), "De puños, violencias y holocaustos. Una crítica de las novedades historiográficas sobre la España Republicana y la Guerra Civil", *Vínculos de Historia*, n.º 1, pp. 273-285.

–(2017a), *La Segunda República (1931-1936). Las claves para la primera democracia española del siglo XX*, Madrid, Sílex Ediciones S.L.

–(2018), *El Ventanuco. Tras las huellas de un maestro republicano*, Toledo, Ediciones Almud.

–(2021), y HERNÁNDEZ SÁNCHEZ, F., *Camaradas de un comité menor. Una larga Guerra Civil (1936-1947)*, Madrid, Silex Ediciones.

MACARRO VERA, J. M. (1985), "Octubre un error de cálculo y perspectiva", *Octubre 1934. Cincuenta años para la reflexión*, Madrid, Siglo XXI, pp. 141-171.

MORALES ENCINAS, O. M. (2008), "La conflictividad social en Abenójar antes de la guerra, octubre de 1934", F. Alía (coord.), pp. 289-303.

MORENO ANDRÉS, J. (2017), *La vida social de las fotografías familiares en contextos de violencia: (Ciudad Real 1939-2016)*, Tesis Doctoral, Universidad Nacional de Educación a Distancia.

–(2018), *El duelo revelado: la vida social de las fotografías familiares de las víctimas del franquismo*, Madrid, Consejo Superior de Investigaciones Científicas.

MOYA GARCÍA, C. y FERNÁNDEZ-PACHECO SÁNCHEZ-GIL, C. (2007), "Dos modelos de conflictividad social en Alcázar de San Juan durante la II República: La huelga de la siega y la revolución de octubre de 1934". *Tesela* n.º 23, Alcázar de San Juan, Patronato Municipal de Cultura.

–(2008) y FERNÁNDEZ-PACHECO SÁNCHEZ-GIL, C. "La revolución de octubre de 1934 en la provincia de Ciudad Real", F. Alía (coord.), pp. 271-288.

ORTIZ HERAS, M. (1996), *Violencia política en la II república y el primer franquismo: Albacete, 1936-1950*, Madrid, Siglo XXI.

–(2000), (Coord.) *La Guerra Civil en Castilla-La Mancha: de El Alcázar a Los Llanos*, Madrid, Celeste ediciones.

–(2008), "Terror y violencia política en Castilla-La Mancha", en Alía Miranda, F. (coord.): *La Guerra Civil en Castilla-La Mancha, 70 años después*, Cuenca, Universidad de Castilla-La Mancha, pp. 1373-1401.

OTERO OCHAÍTA, J. (1990), *La Mancha de Ciudad Real en la Segunda República: dificultades económicas y conflictos sociopolíticos en la comarca de "cereales y viña"*, Tesis Doctoral, Madrid, Universidad Complutense.

–(1993), *Modernización e inmovilismo en La Mancha de Ciudad Real (1931-1936)*, Ciudad Real, Diputación Provincial.

PAYNE, S. G. (2005), *El colapso de la Republica. Los orígenes de la Guerra Civil (1933-1936)*, Madrid, La Esfera de los Libros.

PERIS SÁNCHEZ, D. (2012), (Coord.) *100 años por el progreso de Ciudad Real. Ciudad Real*. Agrupación municipal socialista de Ciudad Real.

PRESTON, P. (2011), *El Holocausto Español. Odio y exterminio en la Guerra Civil y después*. Barcelona, Debate, 2011.

–(2012), "Bajo el signo de las derechas. Las reformas paralizadas", *En el combate por la historia. La República, la Guerra Civil, el Franquismo*, A. Viñas (ed.), pp. 70-86.

REY REGUILLO, F. Del (2008), *Paisanos en lucha. Exclusión política y violencia en la Segunda República española*. Madrid. Biblioteca Nueva.

–(2011), (dir.) *Palabras como puños. La intransigencia política en la Segunda República española*, Madrid, Tecnos.

–(2011a), "La Republica de los socialistas", *Palabras como puños. La intransigencia política en la Segunda República española*, Madrid, Tecnos, pp. 158-225.

–(2011b), "Por tierras de La Mancha. Apuntes sobre la violencia revolucionaria en la guerra civil española (1936-1939)", *Alcores*, n.º 11.

–(2019), *Retaguardia Roja: violencia y revolución en la Guerra Civil Española*, Barcelona, Galaxia Gutenberg.

ROMERO SÁNCHEZ-HERRERA, M. (1970), *Durandín. Estampas de la Guerra Civil*, Madrid, Tipografía Flórez.

ROSAL DÍAZ, A. Del (1984), *1934, movimiento revolucionario de octubre*, Madrid, Ed. Akal.

RUIZ, J. (2012), *El Terror Rojo*, Madrid 1936, Barcelona, Espasa.

SÁNCHEZ SÁNCHEZ, I. (1982), (et al.) "Contribución a la historia de la prensa de la provincia de Ciudad Real", *Cuadernos de estudios manchegos*, n.º 12.

–(1991): *La prensa en Castilla-La Mancha: características y estructura (1811-1939)*, Cuenca, Universidad de Castilla-La Mancha.

–(1993), (et al.) "La prensa, una fuente para el estudio de la Guerra Civil en Castilla-La Mancha", en Manuel Ortiz Heras (coord.) *España Franquista: Causa General y actitudes sociales ante la dictadura*, Albacete, Servicio de publicaciones de la UCLM.

SANCHO CALATRAVA, J. A. (1988), *Elecciones en la II República en Ciudad Real (1931-1936)*, Ciudad Real, Diputación Provincial.

–(1990), y ALÍA MIRANDA, F., "Apuntes sobre la revolución de octubre de 1934 en Ciudad Real y su provincia", *Villa Real 1255*, n.º 1, pp. 41-54, Ciudad Real, Escuela Taller Hernán Pérez del Pulgar.

SOUTO KUSTRIN, S. I. (2000), *Poder, acción colectiva y violencia en la provincia de Madrid, (1934-1936)*. Tesis Doctoral, Universidad Complutense de Madrid.

–(2007), y GONZÁLEZ CALLEJA, E., "De la Dictadura a la Republica: orígenes y auge de los movimientos juveniles en España", *Hispania. Revista Española de Historia*, Vol. 67, pp. 73-102.

–(2013) "Octubre de 1934: historia, mito y memoria", *Dossier. La Segunda República. Nuevas miradas nuevos enfoques*, Madrid, Hispania Nova n.º 11.

VALLE CALZADO, Á. R. Del (1993), (et al.) "La prensa, una fuente para el estudio de la Guerra Civil en Castilla-La Mancha", (Ortiz coord.) *España Franquista: Causa General y actitudes sociales ante la dictadura*, Albacete, Servicio de publicaciones de la UCLM.

VILLA GARCÍA, R. y ÁLVAREZ TARDÍO, M. (2017), 1936. *Fraude y violencia en las elecciones del Frente Popular*, Madrid, Espasa.

VILLALTA LUNA, A. M. (2015), "Mecanismos para la supervivencia de los vencidos. Un estudio a partir de los juicios sumarísimos de posguerra en la provincia de Ciudad Real" en F. Alía Miranda (coord.) pp. 347-360.

–(2020), *Entre líneas. Los juicios sumarísimos de la posguerra española*, Tesis Doctoral, UNED.

–(2022), *Demonios de papel. Diarios desde un archivo de la represión franquista*. Granada. Comares.

VIÑAS MARTÍN, A. (ed.): (2012), *En el combate por la historia. La República, la Guerra Civil, el Franquismo*, Barcelona, Pasado y Presente.